中国木门产业发展研究

*The Research on Development of
China´s Wood−based Door Industry*

李伟光◎主编

中国林业出版社

图书在版编目（CIP）数据

中国木门产业发展研究 / 李伟光主编. -- 北京：中国林业出版社，
2023.12

ISBN 978-7-5219-2262-2

Ⅰ.①中⋯　Ⅱ.①李⋯　Ⅲ.①木制品—门—产业发展—研究—中国
Ⅳ.①F426.88

中国国家版本馆CIP数据核字（2023）第134290号

策划编辑：樊　菲
责任编辑：樊　菲　陈　慧
封面设计：北京五色空间文化传播有限公司

出版发行：中国林业出版社
　　　　　（100009，北京市西城区刘海胡同 7 号，电话 010-83143610）
网　　址：www.forestry.gov.cn/lycb.html
印　　刷：北京博海升彩色印刷有限公司
版　　次：2023 年 12 月第 1 版
印　　次：2023 年 12 月第 1 次印刷
开　　本：787mm×1092mm　1/16
印　　张：10.75
字　　数：200千字
定　　价：98.00元

《中国木门产业发展研究》
编写委员会

前　言

　　家居产业是我国国民经济重要的民生产业和具有显著国际竞争力的产业，木门作为家居产业的细分产业，市场规模正不断扩大，我国已成为全球最大的木门制造与消费国。

　　"十三五"期间，随着我国全面建成小康社会目标的实现，以及"互联网＋"时代和市场品牌化的持续推进，我国人民生活水平日益提高，木门产业快速发展，在制造工艺、加工装备、市场营销、品牌建设等方面都取得了可喜的成果，包括新材料的有效利用、产品结构的优化设计、环保胶黏剂和涂料的全面应用、新型专用加工装备的研发创造、互联网营销创新等。

　　"十四五"时期，我国进入新发展阶段，也是世界百年未有之大变局的加速演进期、全球百年未遇之大疫情的持续影响期，给我国经济、产业和社会生活带来诸多冲击和挑战。当前，随着物联网、大数据、云计算和人工智能等新一代信息技术的普及运用，基于智能化的新一轮世界科技革命和产业变革正在加速推进。数字化、智能化生产流通和消费将颠覆很多现有的产业形态、分工和组织方式，将对企业治理结构、经营管理方式、销售模式等产生重大影响。在"十四五"国家重点研发计划"基于数字化协同的林木产品智能制造关键技术"（编号：2023YFD2201500）项目支持下，我们完成本书，并希望通过此书，为读者们提供一个更全面的视角，展现出我国木门产业发展的新机遇、面临的新挑战。

编　者

2023 年 12 月

研究方法

本书由中国林产工业协会木门窗产业分会和国家林业和草原局木门窗产业国家创新联盟联合组织发起，由中国林业科学研究院木材工业研究所家具与木制品研究团队编写。

本书基于对国内木门企业的定量调查和近年来对相关主题的大量产业研究，旨在总结我国"十三五"期间木门产业发展情况和行业创新成果，探讨"十四五"时期木门产业发展问题，分析未来发展方向。

定量调查由中国林业科学研究院木材工业研究所家具与木制品研究室设计并执行。该问卷于 2021 年 5 月 20 日—12 月 31 日通过电子邮件和社交媒体渠道，向全国范围内的木门企业投放，共收到全国不同区域的 98 家生产不同品类的木门企业的有效回复，并对部分数据进行了加权处理。由于测算方法、数据可得性等因素的限制，本书中必然存在诸多不足，恳请行业相关人士批评指正。

除非另有声明，本书中提及的数据，一部分来源于受调研企业数据；一部分来源于公共和学术信息，包括国家统计局、海关总署、行业协会、商业数据库、艾瑞咨询、优居研究院、家具上下游等相关报告。此外，本书在编写过程中，得到了北京闶闶同创工贸有限公司、南通跃通数控设备股份有限公司、广东耀东华装饰材料科技有限公司、杭州群核信息技术有限公司（酷家乐）、南京懒象环境科技有限公司等单位的材料支持。

目 录

第 1 章
中国木门产业概述

　　门是建筑物立面的重要组成部分，是建筑内部分割空间的主要构件，在建筑和人们生活中起着十分重要的作用。原始社会，人类使用树枝遮蔽他们生活的洞口，作用是防止野兽或其他动物进入他们生活的洞穴，这就是最早的"门"。在现代生活中，门的主要作用是方便人们进出、防止不速之客、保护私人财物和个人隐私、保证隔声隔热、增加通风换气、辅助采光透亮、延伸建筑立面、区分各种空间、装饰室内环境等。

　　我国木门的产生最早可以追溯到新石器时代，并在历史上被赋予了诸多文化内涵。木门制造是我国的传统产业之一，传统木门是纯实木的，主要以锯材、木方为原料，在装修现场制作，木门结构单一，表面处理多为油漆涂饰，制作以手工作业为主。现代木门大量使用人造板，结构设计和表面装饰工艺不断翻新，产品种类快速增加，表面处理形式多样，实木复合门、木质复合门等不同类型的产品层出不穷。特别是近 15 年来，随着大量新材料的应用，新工艺、新结构以及专用加工装备的出现，我国木门产业得到了巨大发展。

一、中国木门产业现状

2015—2021年，我国木门产业发展迅速，年产值稳步增长，如图1-1所示。2021年，我国木门产量达到1.4亿余樘，木门产值约1584亿元，同比增长2.19%。我国木门产业已形成包括实木门、实木复合门和木质复合门三大品类，从生产到销售、安装、售后服务等环节的完善的产业体系，我国已成为世界上规模最大的木门生产国和消费国。目前，我国木门及相关企业数量超过8000家，其中规模以上企业约3000家，从业人员约200万人，产值过亿的企业100余家；2021年木门龙头企业的最高产值达41.7亿元，其次为31.6亿元。产值排名前10位的企业年产值约占木门产业年总产值的8%。

我国木门企业主要分布在珠三角、长三角、环渤海、东北、西南等地区，主要地区木门产值占比如图1-2所示。同时，我国出现了一些木门产业比较集中的城市，如"中国套装门之都"——重庆、"中国木门之都"——浙江江山、"中国原木门之乡"——福建厦门同安区、"中国门业重镇"——广东中山东升镇（现小榄镇），以及浙江永康、重庆万寿、四川蓬溪等地区。

二、中国木门市场及进出口情况

我国木门市场以国内市场为主，国际市场所占比例较小。2021年，我国木门进出口贸易额为7.34亿美元，约占国内市场的3%。国内市场方面，木门销售以定制化为主，消费者满意度约为90%。由于市场中、低端产品较多，我国木门产业纯利润不高，仅约8%。

图1-1 我国木门产业总产值变化情况（2015—2021年）　　图1-2 我国木门企业区域分布

国际市场方面，我国木门出口额远远大于进口额，贸易顺差明显。2021 年 1—12 月，我国进口木门及门框约 291t，同比下降 44.13%，进口额达 805.3 万美元，同比增长 26.26%。我国木门进口主要来自欧洲，德国和意大利分别占据我国木门进口国家的第一位和第二位。

2021 年 1—12 月，我国出口木门及门框约 335386t，出口额近 72561.5 万美元，同比分别增长 14.67% 和 23.09%。从出口方向和出口额来看，采购中国木门产品最多的地区分别为亚洲、北美洲和欧洲。2021 年，我国木门产品在亚洲、北美洲和欧洲的出口额分别为 3.27 亿美元、2.04 亿美元和 1.30 亿美元。

2021 年，我国木门出口前 3 位国家和地区分别是美国、日本和中国香港，出口额分别为 1.57 亿美元、1.11 亿美元和 0.88 亿美元；英国、加拿大、罗马尼亚、澳大利亚、爱尔兰、卡塔尔、菲律宾和越南等国家和地区的出口额均超过 1000 万美元，2015 年以来，中国木门产业出口额情况见表 1-1。2021 年主要出口国分布情况如图 1-3 所示。2021 年，广东省、浙江省、辽宁省和山东省分别位列木门出口额前 4 位，4 省份出口额总和约占全国出口额的 72.2%。我国各省（自治区、直辖市）出口额见表 1-2。

表 1-1　2015—2021 年中国木门产业总产值及出口额情况

年份	木门产业总产值 / 亿元	木门出口额 / 亿美元	出口额同比增幅 /%
2015 年	1300	7.23	-5.50
2016 年	1350	6.60	-8.71
2017 年	1400	6.65	0.76
2018 年	1460	6.74	1.35
2019 年	1500	6.38	-5.34
2020 年	1550	5.89	-7.68
2021 年	1584	7.26	23.26

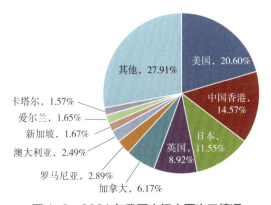

图 1-3　2021 年我国木门主要出口情况

表1-2 2021年我国木门出口额前10位省（自治区、直辖市）统计

序号	省（自治区、直辖市）	出口金额/亿美元	出口数量/kg
1	广东省	1.59	59464614
2	浙江省	1.38	92654267
3	辽宁省	1.16	42714847
4	山东省	1.11	46462446
5	福建省	0.76	42284209
6	江苏省	0.53	25677426
7	安徽省	0.11	3896846
8	云南省	0.10	3118071
9	河北省	0.09	4932705
10	上海市	0.07	2010494

三、中国木门产业特征

1. 种类齐全，品种丰富

目前，我国木门按照材料分类，已形成了包括实木门、实木复合门、木质复合门三大品类的产品结构，产品品类齐全，款式品种丰富。特别是近年来，随着新材料、饰面工艺、结构设计、加工工艺与装备等方面的不断改进和升级，产品越来越多样化，个性化产品得以涌现，在促进产业规模扩大的同时，也给消费者带来了更大的选择空间。从实用性，到功能性、美观性、艺术性等方面，以消费者需求为导向，木门企业越来越注重产品设计与研发，以产品为发展基点，满足消费者日益变化与多样化的需求。

2. 以定制化生产为主

国内的建筑洞口尺寸大小不一，目前仍没有统一标准，尺寸都是由开发商决定的。这就造成了同一家庭的客厅、卧室、厨房、卫生间的门洞尺寸可能都不相同，决定了我国木门制造不同于国外标准化木门生产，大多需要定制化生产的现状。

3. 呈现鲜明的区域性分布，形成了多个木门产业集群

经过多年的发展，我国在珠三角、长三角、环渤海、东北、西南等地区的木门制造企业相对集中，在一些地区形成了明显的产业积聚，比如：

（1）重庆地区

该地区有木门及相关企业1200家左右，年总产值约130亿元，主要集中在大足、长

寿、永川等区及临江镇，并延伸至四川合江、大竹以及遂宁等地。目前，该地区木门产值过亿的企业有 10 余家，规模以上企业 200 余家，从业人员约 8 万人。其中，产值最高的企业为美心木门，其木门产值约 20 亿元。其次有皇廷、固豪、名风、佳禾、豪迈、星星等木门品牌，产品主要以聚氯乙烯薄膜和装饰纸油漆饰面木质复合门为主，占当地木门总产量的 70% 左右。

（2）浙江江山地区

该地区有门业及配套的企业 1000 多家，其中门业企业 300 余家，年产木门 1800 多万套。全市共有国家高新技术企业 12 家，国家林业重点龙头企业 2 家，拥有中国驰名商标 1个，省级智能工厂/数字化车间 4 个（欧派门业、王牌家居、开洋木业、花木匠），省级制造业与互联网融合发展示范企业 1 家，省级"上云上平台"标杆企业 1 家。欧派门业和金凯门业分别牵头制定"浙江制造"行业标准《实木复合烤漆门》（T/ZZB 0180—2017）和《木质复合免漆门》（T/ZZB 0179—2017），引领行业发展。截至 2021 年底，江山门业（家居）总产值 140 亿元，其中规模以上企业 95 家，规模以上产值 73.6 亿元；亿元以上企业 14 家，30 亿元以上企业 1 家；全市拥有木门出口企业 37 家，木门出口额 4.25 亿元（6588 万美元）。

（3）辽宁沈阳地区

该地区属于重工业产业区，拥有雄厚的生产技术基础，加之历史上有丰富的木材资源，且邻近俄罗斯，进口木材便利，现有木门企业 100 余家，总产值约 80 亿元，产品主要以零售类实木门和实木复合门为主。近年来，该地区在原有的木门产品优势的基础上，延伸至全屋定制。展志天华、3D 无漆木门等品牌开始打破区域性限制投资建设南方生产基地，开始了布局全国的步伐。

（4）浙江永康地区

该地区现有门企 1000 余家，以钢质防火门为主，其中木门企业 400 余家，总产值约 30亿元，知名企业包括王力、春天、开开、金凯德等。永康地区木门产品主要以三聚氰胺装饰纸饰面木质复合门和油漆饰面实木复合门为主，企业主要承接房地产工程。

（5）广东中山小榄（东升）地区

该地区现有木门企业 350 余家，主要以零售为主。知名企业包括顶固集创家居、宝润木业、同福门业、华美居门业等，主要以生产橡胶木门为主，其中油漆类产品约占 20%，免漆类产品占 80%。该地区木材主要是来自泰国等东南亚国家进口的橡胶木。

（6）河北石家庄无极地区

该地区现有木门企业 1000 余家，企业规模普遍不大，以年产 3 万~4 万套木门的小企业为主，产品主要以零售三聚氰胺装饰纸饰面和聚氯乙烯薄膜饰面木质复合门为主，产品档次相对不高，产品定位于三、四线及以下城市。

4. 中小企业偏多，产业集中度有明显提升

中国木门产业结构中，绝大多数是中小型民营企业，生产能力分散，大型企业相对较少，目前仅有 2 家以木门产业为主板上市的木门企业，产业集中度较低。中小企业缺乏对国内外市场的充分了解和准确预判，经常会以低价格谋求市场份额，同质化竞争严重；加上近两年越来越严格的环保要求，中小企业生产经营愈发困难，甚至会面临倒闭风险。从发展趋势来看，木门产业市场集中度近年来逐渐提升。据中国林产工业协会对我国具有一定规模的木门企业的不完全统计，2021 年行业前 10 名的企业市场占有率约为 8%，且呈持续上升的趋势。

5. 木门企业由单品类向多品类延伸，相关产业进入木门产业

随着市场消费模式的变化以及消费能力的不断提高，木门企业为适应市场，尝试打造"一站式服务"的"大家居"模式。表 1-3 为 2021 年度上市家居公司木门类产品营收情况，由其可知，部分木门企业开始从经营单一品类木门向经营多品类产品进行适当延伸，如墙板、木窗等，还有部分木门企业也开始从经营木门产品向全屋定制的其他制品发展，如木地板、木质墙板、橱柜、衣柜、木楼梯等，"门墙柜"一体化趋势逐渐形成。另外，还有大型家具、地板生产企业开始建造木门厂，如广东欧派、索菲亚、志邦、金牌、天坛、华日等。同时，也因传统房地产企业盈利空间变小，碧桂园、雅居乐等多个房地产企业介入木门生产产业。这些资金雄厚的大型企业开设木门厂通常起点很高，选用先进的加工设备，生产规模较大，一方面对提升木门品牌具有促进作用，另一方面也加剧了产业内的竞争。

6. 技术、装备与工艺不断进步，专用加工装备不断涌现

随着木门及上下游产业的技术进步，我国木门产业在木门表面饰面技术、高效胶合工艺、新型门芯填充材料、环保型胶黏剂以及快干型水性漆等技术与工艺方面也不断创新，为确保木门产品的质量、单个生产企业的生产规模、优秀品牌的产生，打下了坚实的基础，更为生产出满足消费者需求的木门产品提供了保障。与此同时，木门产业的快速发

表 1-3　2021 年上市家居公司木门类产品营收情况

序号	上市企业	总营收/亿元	总营收增速/%	主营产品	木门类产品营收/亿元	木门类产品营收增速/%	木门类产品营收占比/%
1	欧派家居	204.40	38.67	衣柜、橱柜、木门、卫浴	12.36	60.33	6.05
2	索菲亚	104.10	24.63	家具、衣柜、橱柜	4.58	56.87	4.40
3	志邦家居	51.53	34.18	衣柜、橱柜	1.70	291.51	3.30
4	金牌橱柜	34.48	30.61	衣柜、橱柜	0.84	242.22	2.44
5	好莱客	33.71	54.40	衣柜	8.45	653.84	25.07
6	江山欧派	31.57	4.83	木门	25.30	-1.91	80.14
7	梦天家居	15.20	23.88	木门、衣柜、橱柜	11.53	19.03	75.86
8	顶固集创	12.98	48.79	衣柜、滑门	0.83	54.11	6.39
9	大亚圣象	87.51	20.47	人造板、地板	0.73	1195.20	0.83
10	兔宝宝	94.26	45.78	人造板、衣柜	0.39	-13.71	0.41

数据来源： 上市公司 2021 年年报。表中的"营收增速"是对比上一年（2020 年）的。

展，对木门制造装备提出了更高的要求。传统的木门加工方法使用的机械数量多，工序之间缺乏自动化连续作业环节，费时费力，无论是加工质量，还是生产效率都不能很好地满足木门企业及用户的需求。近年来，经过木工机械制造企业不断创新与发展，木门加工机械的科技含量与技术水平得到了大幅提高，已出现了规格和种类较为齐全的木门专用自动化加工装备和相关生产线。

7. 标准体系逐渐完善，产品质量不断提升

截至 2022 年 6 月，我国已经颁布或报批的木门相关标准（国家标准、行业标准和团体标准）有 27 项，包括产品标准、安装标准、原辅材料标准、环保标准。其中，2015—2020 年我国制定和修订的各项标准有 11 项，涵盖了木门材料选用、产品质量检测、绿色环保生产、安装、验收及产品认证等重要环节。这些标准促进了木门产品质量的不断提升，也对木门产业的健康发展起到了积极的指导与规范作用。

8. 木门市场进入多种营销模式并存的竞销时代

我国木门市场曾主要以专卖店这一销售模式为主，以装修公司和建材市场两条销售

渠道作为重要补充，但随着国家精装修房的增加，以及互联网、物流产业的快速发展，木门销售渠道与模式也受到了巨大影响。传统的门店销售规模开始缩小，工程销售、电子商务、短视频营销、团购等营销模式带动了各种销售模式的创新，使木门市场进入了多种营销模式并存的竞销时代。

9. 服务体系有待进一步提升

由于木门产业的特殊性，服务一直是消费者的重要考量指标。经过 20 多年的发展，多数木门企业已建立了各自的服务体系；同时，消费者对于服务的认识也被延伸到更多营销领域，比如购物环境体验、购物成本（时间、便利性、沟通等）、附加价值等，而不再是简单的售后服务。细节构建完美，每一个经营点都会成为消费体验的重要环节，服务水平体现着产业的成熟度，服务能力的提升不仅仅是企业竞争的需要，也是产业发展的需要。因此，未来每家木门企业都要建立自己的服务体系，从售前、售中、售后进一步完善和细化服务，以满足消费者的各方面需求，促进产业的健康快速发展。

第 2 章
中国木门产业状况分析

目前，我国木门产业日趋成熟，企业管理、生产技术、产品质量显著提高，市场意识、品牌意识、服务意识明显增强。众多木门企业从过去小规模的作坊式生产，转变为如今的大规模成品化、集成化、品牌化发展，初步形成了中国木门产业化集群。总体而言，全国木门生产区大致可划分为环渤海地区、东北地区、珠三角地区、长三角地区和西南地区等 5 个大区域。2021 年，中国木门产品总产销量约 1.43 亿樘，同比增长 1.78%。其中，木质复合门约 0.92 亿樘，实木复合门约 0.45 亿樘，实木门约 0.06 亿樘。

一、中国木门产业分布状况

我国在"十三五"期间，大量保障性住房投入建设，再加上危房、旧房改造，以及国家倡导的"全装修"政策的落地实施，我国总建筑面积达上百亿平方米，我国已成为世界上木门需求量最大的国家，为木门产业带来了极大的市场空间。短短几年时间，众多木业企业相继成立或者转型，加入木门生产的行列中。目前，我国木门产业日趋成熟，企业管理、生产技术、产品质量显著提高，市场意识、品牌意识、服务意识明显增强。就我国木门企业分布的特点来看，地域性差异较为明显：东、北部地区分布最广，产区较为集中；中、西部地区分布较东、北部少，产区比较分散。总体而言，全国木门生产区大致可划分为环渤海地区、东北地区、珠三角地区、长三角地区和西南地区等5个大区域，主要生产基地分布情况如表2-1所列。众多木门企业从过去小规模的作坊式生产，转变为今天大规模成品化、集成化、品牌化发展，初步形成了中国木门产业化集群。

1. 环渤海地区

本地区以北京、天津、河北、山东为中心。

由于该地区处于首都和首都周边地带，消费水平较高，家装市场较大，交通便利，把整个环渤海地区连成了较为发达的木门销售网络，木门销量较大，促使厂家提高产品质量、扩大销售范围，随着品牌的壮大和产品质量的提升木门价位也逐渐变高。但是，随着自2017年开始的从国家层面直接组织的最大规模的大气污染防治强化督查行动席卷京津冀及周边地区，根据《京津冀及周边地区2017年大气污染防治工作方案》，该地区部分以油漆涂饰木门为主要产品的木门企业受到极大冲击，有些木门厂家停产、关厂或者转移至江苏、河南等省进行生产。

表 2-1　我国木门主要生产基地分布情况

地区	品牌
西南地区	美心、星星、千川、盼盼、柯尚
珠三角地区	润成创展、欧派家居、现代筑美、大自然、冠牛、新标
长三角地区	梦天、江山欧派、金迪、王力、春天、王牌、开洋、金凯、楷模、益圆
环渤海地区	TATA、霍尔茨、鑫迪（尚品本色）、万家园、泰森日盛、青岛一木
东北地区	3D、吉林兄弟、华鹤（索菲亚）、展志天华、三峰

本地区的部分代表性企业有北京闼闼同创工贸有限公司、北京霍尔茨家居科技有限公司、北京伯艺创展木业有限公司、北京楷模伟业家居用品连锁有限公司、山东万家园木业有限公司、尚品本色智能家居有限公司、济南虫洞智能家居设施有限公司、山东金马首装饰材料有限公司、天津龙甲特种门窗有限公司、河北金吉祥木业有限公司、秦皇岛卡尔·凯旋木艺品有限公司、河北日上建材制造有限公司、泰森日盛集团有限公司、青岛一木集团有限公司、青岛彬城木业有限公司、青岛彬圣木业有限公司、青岛达尔纷奇木业有限公司等。

2. 东北地区

本地区包括辽宁、黑龙江等省，以沈阳、齐齐哈尔、大连为中心。

本地区森林资源丰富，加之邻近俄罗斯，进口木材便利，国内进口木材有很大一部分都是通过东北地区的海关进入国内流通市场的，地域性优势促进了本地区木业的发展。因东北地区具有较好的工业基础和木材资源优势，近年来东北木门更是以选料考究、工艺精湛、造型优异、朴实稳重健康环保的理念在产业内独树一帜。

本地区部分代表性企业有骊住通世泰建材（大连）有限公司、三帝家居有限公司、鞍山天华木业集团有限公司、华泽三峰木业集团有限公司、辽宁中意厨房设备有限公司、辽宁正林木业有限公司、辽宁郁林木业有限公司、大连金桥木业有限公司、吉林兄弟木业集团有限公司、齐齐哈尔市云鹤木业有限公司、索菲亚华鹤门业有限公司。

3. 珠三角地区

本地区以广东、福建为中心。

本地区位于我国东南沿海地区，地理位置优势明显，生产的木门现多采用进口木材生产制造，产品精致细腻，做工精致，极具文化特色。由于该地区产业基础好，有较好的产品配套，木工机械设备、胶黏剂、五金件等配套产业发展也较好，因此，该地区木门生产企业众多，实力雄厚、资金丰富、规模较大的木门生产企业数量居多。因近年来木门专用加工装备发展和木门生产技术逐渐成熟，该地区传统地板企业、房地产公司、家具生产企业也开始进入木门产业，之前部分木门出口企业业态开始由出口转向内销。

本地区代表性企业有：广东润成创展木业有限公司、大自然家居（中国）有限公司、欧派家居集团股份有限公司、广东玛格家居有限公司、中山市时兴装饰材料有限公司、广东龙树实业集团有限公司、肇庆市现代筑美家居有限公司、广东冠牛木业有限公司、深圳合雅木业有限公司、东莞宏利木品厂有限公司（东威利）、东莞市名人实业有限公司、厦门金宝艺实业有限公司等。

4. 长三角地区

本地区以上海、浙江、江苏为中心。

本地区地处于我国东部沿海地区，是我国经济最发达的地区，也是我国木业最发达的地区之一。由于江海交汇的地理优势，长三角地区又成为我国对外开放的前沿，木门产业也随之迅猛发展，木门企业数量和规模增速很快，我国现有的两个木门上市公司也位于该地区。此外，由于国家产业政策调整和企业扩大产能需求，北京的 TATA、楷模、益圆、伯艺，广东的冠牛、大自然，吉林的兄弟等知名木门企业分别在江苏邳州、泗阳，安徽宿州等地建立生产基地，成为该地区木业产业的重要力量。

本地区部分代表性企业有：梦天家居集团股份有限公司、江山欧派门业股份有限公司、浙江金迪门业有限公司、德华兔宝宝装饰新材股份有限公司、浙江世友木业有限公司、图森木业有限公司、浙江美诺工贸有限公司（开开木门）、浙江壹壹家居用品有限公司（一一木门）、春天集团有限公司、浙江开洋木业有限公司、浙江王牌门业有限公司、浙江金凯门业有限责任公司、江苏金牌厨柜有限公司、圣象合雅木门有限公司、昆山日门建筑装饰有限公司、江苏从一家居股份有限公司（肯帝亚）、苏州市固友木业有限公司、安徽富煌木业有限公司、安徽科居新材料科技有限公司、上海木里实业发展有限公司（木里木外）。

5. 西南地区

本地区以四川、重庆、云南为中心。

本地区具有承东启西、连接南北的区位优势，背靠中国大陆、面向东南亚和南亚得天独厚的区位优势，是融入"一带一路"建设的前沿地带。本地区的木门企业正以此为机遇，集中力量快速发展、壮大。但由于地处西部，本地区经济发展和消费水平略低于东部沿海地区，所以很多企业的产品大多以中低价位打入市场，但也不乏产品质量较好的品牌企业存在。

本地区部分代表性企业有：重庆星星套装门（集团）有限责任公司、重庆美心（集团）有限公司、重庆江山欧派门业有限公司、四川王力特防门业有限公司、成都千川木业有限公司、成都天天木业有限公司、重庆什木坊门业有限公司、重庆宇心门业有限公司、重庆双驰门窗有限公司、索菲亚家居湖北有限公司、湖北好莱客创意家居有限公司、湖北新艺雅集家居有限公司、湖北柯尚木业有限公司、宜昌盼盼木制品有限责任公司等。

除以上主要木门生产区域外，在我国以河南、山西、陕西为中心的西北地区还有一些具有代表性的木门企业，如兰考阆阆同创工贸有限公司、河南欧派门业有限责任公司、兰考县轩艺木业有限公司、河南玖亿星建材有限公司、山西孟氏实业有限公司、山西泰亨木业有限公司、宁夏华泰龙家具制造有限公司等。经过多年的生产实践和技术积累，以上这些代表性企业在技术创新、产品质量以及品牌建设方面都各具特点，形成了自己的产品特色和品牌风格。

总体来说，我国木门生产企业的数量和产品覆盖范围地域性差异明显：以长江为界，长江以南木门产品进入长江以北地区市场的数量较多，而长江以北木门产品进入长江以南地区市场的数量要少一些，南北差异较大；东部和西部的差异非常明显。由于各地区的平衡含水率大小不一，有可能造成木质门的开裂和变形，这就给消费者使用和厂家提供售后服务带来了诸多的问题。随着木门产业的蓬勃发展，各地区突出的产业精英们在重视自身产品质量的同时，将相当的精力投入到产品的售后服务上，优势企业的数量将逐年稳步递增，起到领跑产业的表率作用。

二、中国木门产销量 ① 情况分析

本书通过对我国 2016—2021 年的商品房销售面积、二手房成交套数、全国存量房翻新及旧房改造面积进行分析，结合对我国不同区域的 98 家生产不同品类的木门企业的调研结果，对我国 2016—2021 年的不同品类木门产销量进行测算。据不完全统计，2021 年中国木门产品总产销量约 1.43 亿樘，同比增长 1.78%。全国木质复合门产销量约 9200 万樘，同比增长 3.69%。其中：聚氯乙烯薄膜饰面类木质复合门产销量 5200 万樘，同比增长 4.42%；三聚氰胺装饰纸饰面类木质复合门产销量 3200 万樘，同比增长 3.16%；其他材料饰面类木质复合门产销量 800 万樘，同比增长 1.20%。实木复合门产销量约 4500 万樘，同比降低 1.24%。实木门产销量约 600 万樘，同比降低 3.49%。

2016—2021 年我国木门总产量情况如图 2-1 所示。2016 年，我国木门总产量约为 1.32 亿樘。2016—2021 年我国木门总产量均呈上涨趋势，特别是 2016 年和 2017 年，木门总产量同比增长率均超过了 3%。但自 2018 年，我国开始建立房地产长效机制，各地、各

---

① 因为我国木门为定制产品，产量即等同于销量。

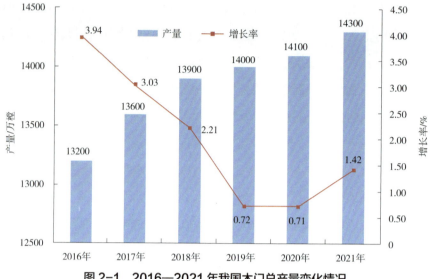

图 2-1　2016—2021 年我国木门总产量变化情况

部门陆续发布了一系列限价、限购、限售、限贷等政策以对房地产市场进行调控，着力稳地价、稳房价、稳预期。受上游房地产市场影响，2018 年以来木门总产量增长率有所下降，并在 2019 年的产量增长率上显著体现。2020 年，受新冠影响，国内家居装修市场也受到冲击，木门产量增长率降至 0.71%，是 5 年内同比增长率最低的一年。2021 年，随着我国新冠防控成效日渐显现，市场需求逐步得到释放，市场预期有所回升，木门产量同比增长率回升至 1.42%。但是进入 2022 年以来，国内新冠呈多点散发态势，为严控人员流动，如北京、上海等城市一段时间内暂停了零散家庭装修工程，线下家居卖场业也暂停营业，导致木门订单量减少。另一方面，由于疫情管控，木门产业的物流和供应链受到较大影响，很多工厂的原材料难进去，成品难出来，对企业生产造成了极大影响，产业增长目标较不明朗。

1. 实木门产销量情况

2016—2021 年我国实木门产量情况如图 2-2 所示。2016 年，我国实木门总产量约为 1240 万樘，约占 2016 年全国木门总产量的 9.4%，之后实木门产量呈逐年下降趋势。2021 年，全国实木门总产量约为 600 万樘，仅占全国木门总产量的 4.2%。

2. 实木复合门产销量情况

2016—2021 年我国实木复合门产量情况如图 2-3 所示。2016 年，我国实木复合门总产量约为 6200 万樘，约占 2016 年全国木门总产量的 46.9%，之后实木复合门产量呈

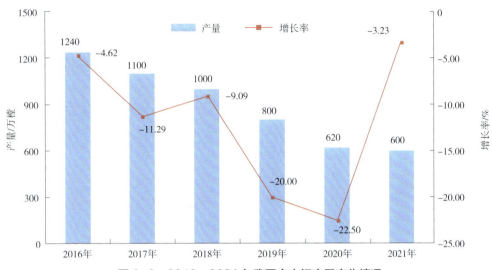

图 2-2　2016—2021 年我国实木门产量变化情况

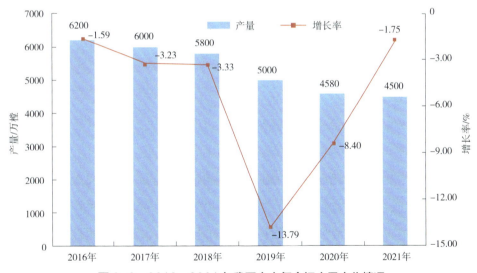

图 2-3　2016—2021 年我国实木复合门产量变化情况

逐年下降趋势。2021 年，全国实木复合门总产量约为 4500 万樘，占全国木门总产量的 31.5%。

3. 木质复合门产销量情况

2016—2021 年我国木质复合门产量情况如图 2-4 所示。2016 年我国木质复合门总产量约为 5760 万樘，约占 2016 年全国木门总产量的 43.6%，之后木质复合门产量呈逐年上升趋势。2021 年，全国木质复合门总产量约为 9200 万樘，占全国木门总产量的 64.3%。

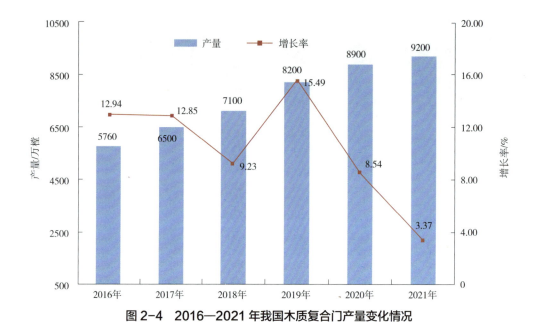

图 2-4　2016—2021 年我国木质复合门产量变化情况

三、中国木门产销量变化原因

1. 国家环保政策趋紧

实木门和实木复合门产品表面均需要油漆进行涂饰。从 2016 年开始，在我国日渐趋严的环保政策推进下，针对木门、家居等企业的大气污染问题，国家也加大了整治力度。面对日益严格的挥发性有机化合物（VOC）排放管控要求，不少环保质量不过关的木门企业面临被责令停产、整改的命运。部分木门企业将溶剂型涂料改为水性涂料，投资建设涂装废气处理设备，从源头上减少了挥发性有机化合物的产生。但受到水性漆工艺技术还有待完善、涂装废气环保处理设备投资较大以及油漆工人招工困难等多方面的影响，还是有相当一部分企业逐渐进行了产品转型，增加了免漆类产品产量，逐步减少了油漆类木门产品产量。此外，消费者对绿色环保产品的需求显著上升，在家居装修过程中也更多选择免漆类木质复合门或者水性漆类木质门。但是，近些年随着紫外光（UV）固化涂料、水性涂料等产品质量和工艺水平的不断提高，使用水性油漆涂装的木门产量有所增长。

2. 表面装饰材料和工艺均有大幅进步

木质复合门一般为免漆类木门，其表面装饰材料多以聚氯乙烯薄膜、三聚氰胺装饰纸、树脂浸渍纸连续热压装饰层积板（CPL）等材料为主，其产品的花色、款式和种类不断丰富，纹理更加逼真，产品性能也大幅提升。如在聚氯乙烯薄膜饰面木门常出现的鼓泡、开胶问题，三聚氰胺装饰纸和热固性树脂浸渍纸连续层压板饰面木门常出现的圆弧或异形包覆开裂等方面均有所突破。此外，随着近年来聚对苯二甲酸乙二醇树脂膜（PET）、聚丙烯膜（PP）等新型表面装饰材料的出现，木门饰面材料的种类更加丰富了，为不同门企提供了更多的选择。

3. 工程类木门带动因素

近年来，国家层面和地方层面上推动全装修的相关政策陆续出台，据不完全统计，2021 年全国共计 16 个省（自治区、直辖市）推出全装修政策。目前，在个别一线城市，全装修房屋交付已占到 80%~90%，木门、地板、橱柜等产品都主要由房地产开发商采购，其主要特征即低成本、大规模。因此，工程类木门已成为木门企业重要的营销方向，并有扩大趋势。木质复合门大多属于免漆类木门，其生产工序没有油漆环节，生产工艺更适合大规模生产，产品具有绿色环保、交货周期短、价格相对较低等特点。因此，多数房地产开发商在木门产品选择上主要以木质复合门为主，其中聚氯乙烯薄膜饰面木门和三聚氰胺装饰纸饰面木门占总量的 80% 以上。近年来，工程类木门订单的增加带动了木质复合门产量的增长。

4. 消费者群体需求因素

目前，木门产品的消费主力为"90 后"和"00 后"，木质复合门因其简约、时尚的设计，现代的风格，较高的性价比，越来越受到广大的年轻消费者的青睐。木质复合门的表板一般为人造板，面层为聚氯乙烯薄膜、三聚氰胺装饰纸、热固性树脂浸渍纸连续层压板或其他饰面材料，可创造出丰富的表面装饰效果。大多企业摒弃了木门表面复杂的雕刻工艺和曲线线条，通过简单线条造型和门扇样式营造出空间感，木质复合门的材质和设计特点也已成为无可争议的主流趋势。此外，伴随"门墙柜"一体化趋势形成，广泛用于护墙板、背景墙、橱柜、衣柜等全屋类产品的表面装饰材料也延伸至木门表面装饰，推动了木质复合门产量的增加。

第 3 章
中国木门产品情况

目前，我国市场上的木门产品种类较多，按照木门的主要材料构成，一般分为实木门、实木复合门和木质复合门；按照木门的结构，一般分为拼装式木门和层压式木门；按照木门门口形式，一般分为平口门、T型口门和斜口门。本章主要对我国木门产品进行概述，并介绍我国木门产业的发展历程、制造工艺特点以及产品市场情况。

一、中国木门产品分类

目前，我国市场上的木门产品种类较多。

1. 按主要材料分类

木门按照主要材料构成一般分为实木门、实木复合门和木质复合门。

实木门（solid wood door）是门扇、门框全部由树种相同或性质相近的实木锯材或集成材制作的木质门。

实木复合门（solid wood composite door）是以装饰单板或重组装饰单板为饰面材料，以实木锯材、指接材、集成材、单板层积材等材料为骨架材料或门框，以纤维板、刨花板或蜂窝纸等材料为芯层材料制作的木质门。

木质复合门（wood-based composite door）是除实木门、实木复合门外，表面以不透明漆或三聚氰胺浸渍纸、聚氯乙烯薄膜、聚丙烯薄膜、热固性树脂浸渍纸连续层压板等作为饰面材料，其他部分以木质人造板为主要材料制成的木质门。

2. 按结构分类

木门按照结构一般分为木镶板门和木夹板门。

木镶板门（wooden panel door）是指门梃间镶木镶板或玻璃的木门，又称拼装式木门。其门扇的榫拼结构如图 3-1 所示。

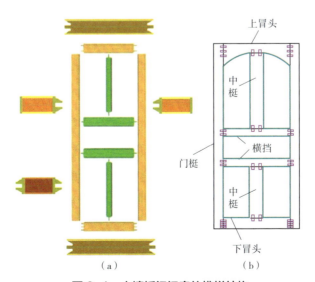

（a）　　　　　　（b）

图 3-1　木镶板门门扇的榫拼结构

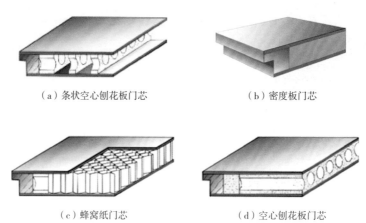

（a）条状空心刨花板门芯 　　　　　（b）密度板门芯

（c）蜂窝纸门芯 　　　　　（d）空心刨花板门芯

图 3-2　几种典型的木夹板门扇结构

木夹板门（wooden flush door）是指在门扇骨架内部填充门芯材料，两面贴合人造板，面层为装饰薄木、单板、聚氯乙烯薄膜、装饰纸或其他饰面材料装饰的木门，又称层压式木门。图 3-2 所示为几种典型的木夹板门扇结构。

3. 按门口形式分类

木门按照门口形式分类一般分为平口门、T 型口门和斜口门。

平口门是指门框的边梃和门扇边梃均为平面的门。我国传统的木质门均为平口门，由于锁开启的原因，门与门框之间有缝隙，一般约为 3mm。这种结构门的密闭隔声效果不好，而且影响美观。

T 型口门是指门扇的边部（门扇的左、右、上 3 边）为 T 型，门扇凸出的部分压在门框上，并配有密封胶条的门。T 型口门为近年从欧洲引进的新型门，其密闭隔声效果好，整体美观。

斜口门是指门扇的边梃为斜面，一般呈 45° 斜面，并配有密封条的门。这种门的阻隔声音能力更强。

4. 按表面装饰分类

木门按表面装饰可分为油漆饰面门、油蜡饰面门、其他饰面门。

油漆饰面门是指透明饰面、不透明饰面的门。

油蜡饰面门是指木蜡油等饰面的门。

其他饰面门是指浸渍胶膜纸、油漆饰面装饰纸、聚氯乙烯薄膜、聚丙烯薄膜、聚乙烯薄膜、热固性树脂浸渍纸连续层压板、热固性树脂浸渍纸高压层积板等饰面门。

二、中国木门的发展历程

如图 3-3 所示为我国木门的发展历程。时间上，我国木门发展历程可以分为以下几个阶段：

1. 传统木门阶段

20 世纪 50 年代至 2000 年，木门产业处于萌芽阶段。木门制作以传统的木工制造，即装修工匠现场打制为主。当时由于门洞口尺寸非标准化，因此规模化、机械化、工厂化生产时期尚未到来。

2. 起步阶段

2000—2003 年，木门产业逐渐产业化，出现了专业生产木门的一些中小企业，主要利用通用机械进行小规模生产。

3. 发展阶段

2003—2008 年，越来越多的木门企业进入规模化生产阶段，渠道上进行全国招商，部分厂家开始打破区域限制进行跨地域发展，其他行业企业、资金开始进入木门产业。

4. 第一次调整期

2008—2009 年，木门产业仍保持较快发展，但受到国际金融危机的影响，其年产值与出口增速减慢，且由于国内一、二线城市楼市处于持续的调整期，我国木门产业进入第一次"盘整期"。

图 3-3 我国木门的发展历程

5. 品牌强化阶段

2009—2017 年，机械化程度高、规模大的大型品牌木门企业出现，并引领行业由价格竞争向品牌竞争过渡，产业进一步提升，产业链更加细化，专业化分工更强，领军品牌不断进行市场扩张，中小品牌渐趋萎缩。

6. 第二次调整期

2017—2019 年，随着国家环保政策的趋紧，我国木门产业进入第二次"盘整期"，众多企业迁址，寻求更宽松的生产环境，木门"油改水""机器换人"进程加快，免漆门产量开始增长。

7. 品牌集中阶段

2019 年至今，在关联行业——房地产行业进入常态化政策调整期后，其产业链相关企业所面临的压力也逐渐加大，木门产业发展面临着巨大的考验。木门产业进入结构调整期，众多中小木门企业关门停产，众多家居关联大企业介入木门产业，木门市场空间被大型企业占据，产业竞争愈加激烈，品牌集中度越来越高。

三、中国木门制造工艺特点

木门是多种木质材料的综合体，其结构和工艺相对于其他木制品而言较为复杂。因此，在实际生产中，不同企业结合产品结构特点，所采用的生产工艺也有所差异。以下为几种常见木门的典型生产工艺流程。

1. 实木门制造工艺流程

（1）门扇加工（图 3-4）

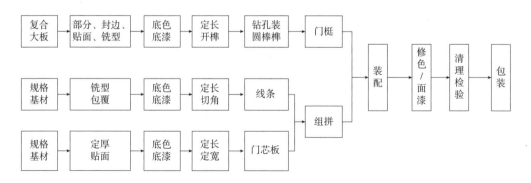

图 3-4　实木门门扇加工工艺流程

（2）门框加工（图3-5）

图 3-5　实木门门框加工工艺流程

2. 实木复合门工艺流程

（1）门扇加工（图3-6）

图 3-6　实木复合门门扇加工工艺流程

（2）门框加工（图3-7）

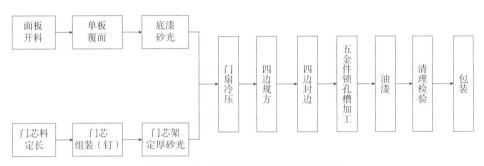

图 3-7　实木复合门门框加工工艺流程

3. 木质复合门工艺流程（以聚氯乙烯薄膜饰面木质复合门为例）

（1）门扇加工（图3-8）

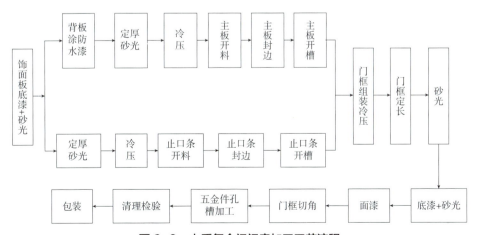

图 3-8　木质复合门门扇加工工艺流程

（2）门框加工（图3-9）

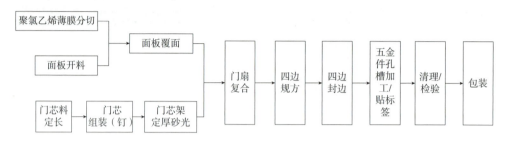

图3-9　木质复合门门框加工工艺流程

四、中国木门产品市场情况

我国木门产品中，实木复合门和木质复合门以外观精美、质量稳定、资源利用率高、保温隔声效果好、性价比高等优点，成为目前的热销产品。实木门虽然具有天然、环保、美观大方等诸多优点，但由于其较为昂贵的价格，仅是小众的选择。2021年，我国木门市场中木质复合门和实木复合门销量分别占64.3%和31.5%，而实木门仅占4.2%，如图3-10所示。在价格方面，据有关部门统计，我国木门产品仍然以中、低端产品为主，其中单价低于1000元的木门占比50%，单价为1000~2500元的木门占比40%，高端产品仅占约10%，木质门销售价格分布如图3-11所示。

目前，我国木门市场按照销售方式可分为零售、工程和出口3种类型：①零售模式根据营销渠道的不同可分为直营店、经销商和网络营销3种；②工程业务经营模式的服务对象是房地产开发商和装修装饰企业，其出货量大，有助于企业实现木门的规模化和标准化生产，但中小型企业针对该类别客户的承揽和议价能力较弱，而且对企业的资金实力要求

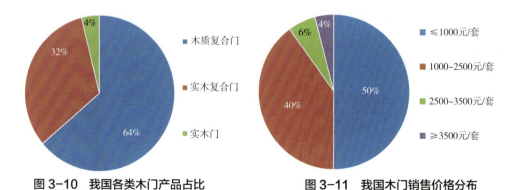

图3-10　我国各类木门产品占比　　　　图3-11　我国木门销售价格分布

较高；③出口经营模式适用于中小型木门加工企业，其品牌知名度和利润空间较小，而且出口订单受环保标准等限制，占总订单比例较低。不同市场模式的具体特点见表3-1。

近年来，全装修行业迎来高速发展的黄金期，在政策利好和消费升级的共同推动下，全装修市场渗透率不断提升。相关数据显示，2020年全国房地产精装房渗透率接近40%，而且预计将逐年上升，木门企业对房地产商直接供货的工程市场迅速扩张，住宅全装修政策使得工程木门市场高增长，传统零售渠道客流被分化。2021年，木门工程类订单产销量约占全国总产销量的30%。在"政策倡导+房地产"盈利驱动下，未来的全装修房渗透率有望持续提升，头部房地产企业在选择战略合作伙伴时，会更加看重木门供应商的品牌、规模和服务，龙头供应商具有明显优势。由于下游房地产行业本身集中度的提升，叠加头部木门企业在工装业务领域的优势，木门产业市场竞争格局将加速集中化。

表3-1　国内木门市场模式比较

类型	细分	优势	劣势	现状
零售	直营店	利润空间大	企业需要承担场地租赁、店面装修、品牌宣传等成本，经营风险较高	目前，仍以国内零售市场为主，出口型企业逐步将市场重心转移到国内市场，相比于零售端，受全装修等政策影响，工程端市场迅速扩张，品牌呈现集中化趋势
零售	经销商	摊位租赁等费用和经营风险由经销商承担，资金周转快	利润空间较小	
零售	网络营销	省库存，省场地	消费者购买体验差	
工程	房地产开发商	订单量大，产品批量化程度高，可进行规模化和标准化生产	企业垫资现象较严重，资金回款慢，受下游客户影响大	
工程	装饰装修公司			
出口		可代工生产，对品牌知名度要求较低	利润空间较小，受环保、国际贸易政策性限制较多	

第 4 章
中国木门用原材料

　　木门材料的发展对木质门的质量和功能的进步起着决定性作用。木门生产原材料主要包括主材和辅材。主材是木门的主体部分，与木门工艺和产品档次有直接关系，是决定木门主要使用性能和产品特性的材料。辅材是木门制造的必要部分，直接决定木门的产品质量与市场走向。本章主要介绍实木门、实木复合门、木质复合门中使用的主要原辅材料的应用现状及发展趋势。

一、木门用原材料体系

木门是多种材料的综合复合产品，而木门产品结构相对复杂，企业不同制造工艺也有所不同，不同原材料根据产品结构其使用场景也有所差异。根据这一特点，一般现有木门用原材料体系中主要包括主材和辅材，如图4-1所示。

主材是木门的主体部分，与木门工艺和产品档次有直接关系，是决定木门主要使用性能和产品特性的材料，主要包括木材、人造板材以及生物质材料等。辅材是木质门制造的必要部分，直接决定木质门的产品质量与市场走向，主要包括油漆、封边条、五金件、胶黏剂以及玻璃等。

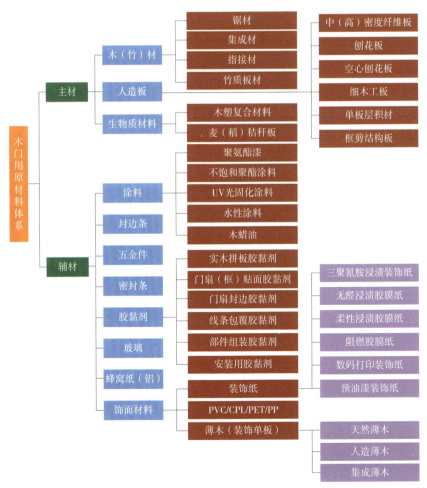

图 4-1　木门用原材料体系

（a）

（b）

图 4-2　木门用木材

1. 木门用木（竹）材

木材和谐、亲切的天然纹理和色泽及木材的组织构造为木门的多样化、个性化需求提供了可能；同时，木材特有的保温、隔声、节能以及易切削和易加工性等使其更适于木质门大规模工厂化生产。目前，国内用于生产木质门常用树种有枫木、水曲柳、栎木（橡木）、胡桃木、樱桃木、沙比利、花梨、柚木、铁杉、西南桦、松木、杉木和柏木等，如图 4-2 所示。

木材在使用过程中需满足如下要求：木材的彩色、纹理、加工性能、尺寸稳定性能、密度等应符合设计要求；实木门或实木复合门材质应符合设计要求；木质复合门内部填料用木材材质应符合设计要求；木材含水率应满足工艺含水率 8% 与平衡含水率的基本要求。由于各生产地区及使用地区不同，具体含水率范围选用按照《锯材干燥质量》（GB/T 6491—2021）中 3.1~3.4 的规定执行。同时，现有木门市场有些企业以次充好，如采用橡胶木代替北美橡木、北美栎木等，因此，对木门用木材标志应遵循明确的国家标准要求。

（1）集成材（胶合木）

集成材即胶合木（glued laminated limber，Glulam），是用板材或小方材按木纤维平行方向，在厚度、宽度和长度方向胶合而成的板材，如图 4-3 所示。与木质工字梁、单板层积材同为 3 种主要的工程材产品之一。

集成材是在实木基础上发展起来的一种升级产品，可以在很大程度上缓解木材的变形并提高其稳定性，从而改善木制品的变形率及其他不良性能。因此，集成材以其优越的特性可以替代实木，成为现代实木门的优质材料。目前，实木复合门主要以落叶松、杉木、柳桉等材种制成的集成材为基材，以樱桃木、胡桃木、柚木等珍贵材种单板为饰面材料组合加

图 4-3　集成材

工而成。与实木门相比，实木复合门具有质量好、不易变形、加工成本较低等特点；同时，以珍贵树种木材为饰面材料，其雅致的纹理和色彩也满足了消费者的视觉审美和功能需要。

作为木门生产使用的集成材，目前大多是非结构用材，相对于结构用集成材，性能要求较低，因此生产成本也相对较低。根据标准《集成材 非结构用》（LY/T 1787—2008），非结构用集成材按外观质量进行分等，可分为优等品、一等品和合格品 3 种类型。集成材在实木门中主要用于制作门框和门扇。集成材实木门框通常是两排结构，集成材为内芯，表面覆贴装饰单板或胶合板等，再通过方榫结构拼接而成整体门框。实木门门框的内芯木料规格较小，并利用集成材的优点，木材缺陷较少，含水率较均匀，有效地避免了门框在环境温湿度变化时易发生的开裂、翘曲、变形等现象；其次，由于芯材外面覆贴的是珍贵树种装饰单板，很好地保持了木材原有的纹理、色泽，门框的整体外观效果更为美观。实木门扇主要由边梃、竖梃、上梃、中梃、下梃和门芯板几个部件组成。门扇中的梃类部件一般以集成材做内芯，两侧和上下封贴珍贵树种的装饰单板。门芯板的结构以优质的集成材作为内部芯料，陈化砂光后在其上下两侧热压覆贴珍贵材种装饰薄板，齐边制成规格尺寸，最后铣出线型。从制造材料和加工工艺来看，集成材生产的实木门花纹自然美观、尺寸稳定性良好，所以在木质门的市场上，它占据着非常重要的地位，具有广阔的市场前景。

（2）指接材与指接板

指接材是指以锯材为原料经指榫加工、胶合接长而制成的板方材，指接材是在长度方向对木材进行接长。主要用于木质门生产的指接材应符合国家标准《非结构用指接材》（GB/T 21140—2017）的要求。

指接材经过横向拼宽后制作成指接板。指接板与细木工板的用途一样，只是指接板在生产过程中的用胶量比细木工板少得多，所以相对细木工板是更为环保的一种板材，目前已经有越来越多的企业开始选用指接板来代替细木工板。指接板常见厚度有 12mm、15mm、18mm 3 种，最厚可达 36mm。指接板还分为有节和无节两种，有节的存在疤痕，无节的不存在疤痕，较为美观。简单鉴别指接板好坏的方法就是看芯材年轮：指接板多是杉木的，年轮较为明显，年轮越大，说明树龄越长，材质也就越好。指接板的齿榫又分为水平型和垂直型两种，又称为明齿和暗齿，水平齿为暗齿，垂直齿为明齿。暗齿一般相对较好，因为明齿在上漆后较容易出现不平现象，当然暗齿的加工难度相对更大些。木质硬的指接板较好，因为它的变形要小得多，且花纹更为美观。

（3）竹质板材

竹子具有生长快、产量高、生态功能强等特点。近年来，许多国家和地区大力发展竹类植物的栽培种植，不仅促进了生态环境改善，还为社会经济发展提供了原材料。因此，竹材这种绿色环保材料的经济、生态和社会效益将会日益突出。

竹材除生长迅速外，它的收缩量小，有高弹性和韧性，还有很好的顺纹抗压强度和抗拉强度，其抗拉强度为木材的2.0~2.5倍，抗压强度为木材的1.2~2.0倍。利用竹材生产的竹质门具有如下特性：首先是具有不易变形、不开裂、质量稳定等特点，适用于浴室、厨房等潮湿环境；其次，竹质门纹理美观，可通过多种加工工艺，显现出不同的纹理，可开发不同档次的产品。其中，重组竹木质门是目前竹质复合门中较为成熟和受消费者普遍接受的一种产品。重组竹又称重竹，是先将竹材疏解成通长的、相互交联并保持纤维原有排列方式的疏松网状纤维束，再经干燥、施胶、组坯成型后热压而成的板材或其他形式的材料。目前，重组竹在我国已经形成了大规模生产，畅销国内外市场。重组竹各项物理力学性能优良，其力学强度甚至超过相近密度的木材，且具有较好的锯、刨、钻等加工性能，其纹理、颜色、触感等方面与木材极为相似，可以在家庭装修中作为隔板、楼梯板和门板等使用。

重组竹木质门的密度是传统普通竹质门密度的2倍以上，其性能堪比高档硬木门；其次，普通竹质门竹材天然纹理比较单一，重组竹经炭化、重组后产生的纹理近似木材纹理，具有天然木质感的表面纹理特征；此外，重组竹使毛竹利用率更高，最高可达90%，竹材的生长期短、成熟快等特性都使其成为很好的木竹复合门用材料，将有望在木竹门市场中占有一席之地。如图4-4和图4-5所示为使用重组竹制造的竹质格栅移门和薄竹贴面门。

图4-4　竹质格栅移门　　　　　　图4-5　薄竹贴面门

2. 木门用人造板

（1）纤维板

纤维板是以植物纤维为原料，经过打碎、纤维分离、施胶、干燥、铺装成型、热压、裁边和检验等工序制成的板材，是人造板主导产品之一。其中，以中密度纤维板为例，其密度一般为 0.65~0.80g/cm³，厚度一般为 5~30mm。中密度纤维板具有优良的物理力学性能、装饰性能和加工性能等，近年来在木门制造生产中应用非常广泛。中密度纤维板按加工处理方式和承重状态可分为普通型、家具型和承重型 3 种，用于木质门生产的中密度纤维板质量应符合《中密度纤维板》（GB/T 11718—2021）的相关要求。

纤维板表面光滑平整、材质细密、性能稳定、边缘牢固、便于铣型，同时可以避免腐朽、虫蛀等问题，而且板材表面的装饰性极好，便于进行各种异形结构的加工，同时可以使用镂铣雕刻等工艺。基于以上特点，一般使用中密度纤维板作为薄木，以聚氯乙烯薄膜、聚丙烯装饰膜以及三聚氰胺浸渍胶膜纸等表面装饰材料作为贴面的基材，或者将纤维板作为具有造型的面板用于雕刻。

（2）刨花板

刨花板是由木材碎料（木材刨花、锯末或类似材料）或非木材、草或类似材料与胶黏剂一起热压而成的板材（图 4-6）。刨花板按照用途分为在干燥状态下使用的普通用板、在干燥状态下使用的家具及室内装修用板、在干燥状态下使用的结构用板、在潮湿状态下使用的结构用板、在干燥状态下使用的增强结构用板和在潮湿状态下使用的增强结构用板。此外，除了用木材刨花生产的刨花板外，还有利用非木材材料如棉秆、麻秆、蔗渣、稻草等制成的刨花板，以及用无机胶黏材料制成的水泥木丝板、水泥刨花板等。按表面形状分，刨花板又可分为平压板和模压板，实际生产中多用平压板。根据国家标准规定，用于木质门生产的刨花板，应符合《刨花板》（GB/T 4897—2015）中的相关规定。

刨花板具有良好的吸声和隔声性能，易于实现自动化、连续化生产；其表面平整，质地均匀，厚度误差小，可进行油漆和各种表面处理。但由于刨花板内部为颗粒状结构，因此其不易于铣型，在裁板时容易出现暴齿现象。因此，刨花板在木门加工中的使用场合较少，会根据客户需求使用在门套和垭口套等位置。

图 4-6　不同厚度的刨花板

（3）空心刨花板

目前，木门中使用的空心刨花板多为挤压空心刨花板。挤压法空心刨花板是一种将木质原料加工成刨花，经干燥、施胶后，加入安装有金属排管的挤压机中经加热连续缓冲挤出的空心板材。挤压空心刨花板的密度为 0.35~0.55g/cm³，普通平压刨花板的密度约为 0.75g/cm³，因此挤压空心刨花板可大大减轻木质门质量。同时，由于挤压法生产的空心刨花板具有隔热、隔声、抗压性能良好等优点，近年来其普遍被用作木质门门扇、门芯的填充材料，并受到木质门厂家和装修公司的青睐，木质门用空心刨花板应满足《挤压法：空心刨花板》（LY/T 1856—2009）的规定。

（4）细木工板

细木工板俗称大芯板，是具有实木板芯的胶芯使木条在长度和宽度方向上拼接或不拼接而成的板状材料（图4-7）。与刨花板、中密度纤维板相比，其木材的天然特性更顺应人类追求自然的要求，是家具、门窗、隔断等室内装修的理想材料。细木工板可以说是

图4-7　细木工板

一种特殊的胶合板，尺寸稳定，不易变形，有效地克服了木材的各向异性，具有较高的横向强度。同时，细木工板具有吸声、隔热等特点，加工简便，用途广泛。细木工板是在胶合板的基础上发展起来的，因此细木工板在木质门中的应用与胶合板类似。近几年，许多企业也大量采用细木工板作为门套主板的基材，其质量要求应满足《细木工板》（GB/T 5849—2016）中的规定。

（5）单板层积材

单板层积材（laminated veneer lumber，LVL）是以原木为原材料旋切或刨切制成单板，经干燥、涂胶后按顺纹或大部分顺纹组坯，再经热压胶合而成的板材。单板层积材按照材质可分为杨木单板层积材和桉木单板层积材。单板层积材板材与实木锯材相比，具有强度高、韧性大、稳定性好等特点，可将原木的疤节、裂痕等缺陷分散、错开，从而大大降低了对强度的影响；且尺寸可随意调整，不受原木形状和缺陷的影响。单板层积材的加工和实木一样，可锯切、刨切、凿眼、开榫、钉钉等。由于单板层积材具有良好的力学和机械加工性能，近年来，被大量使用在木门门扇框架制造和门套基层制造等场合，其质量应符

合《单板层积材》（GB/T 20241—2021）的要求。

（6）框剪结构实木板

框剪结构实木板是将木条按一定工艺组装成具有框剪结构的板芯，两面与一层或多层实木单板组坯胶合而成的人造板，如图4-8所示。框剪结构实木板利用建筑上通用的框架剪力结构力学原理，以立体结构代替了传统的层级结构，并结合木材纤维特性做成了新型人造板（图4-9）。

框剪结构实木板的特点在于利用自身结构的特性解决了木材易开裂、易变形、易胀缩等方面的弊端，同时赋予板材一些独特的特性。框剪结构实木板的重量只有同等体积的细

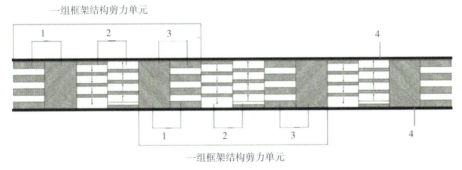

1——组框架结构单元；2——组剪力结构单元；3——镜像一组框架结构单元；
4——或多层实木单板平衡层。

图 4-8　框剪结构实木板（覆平衡层）剖面结构示意图

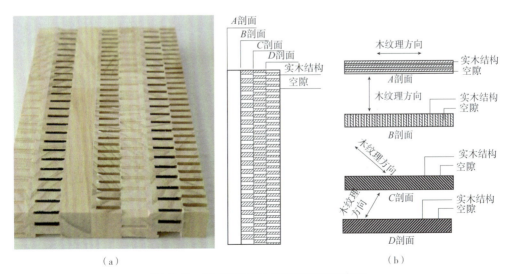

（a）　　　　　　　　　　（b）

图 4-9　框剪结构实木板芯板结构示意图

木工板的 60% 左右。框剪结构实木板将现有板材的层积结构变革为立体的受力结构，利用木材自身的特性，形成了板材内应力和受力的相互牵制和支持，其产品性能稳定。此外，框剪结构实木板中有序的蜂窝状空隙排列，更能有效地阻隔声波的传播，形成良好的隔声性能。因此，目前有部分企业使用该种板材作为木门填芯材，优化木门的产品性能，提高产品品质。

3. 生物质材料

（1）木塑复合材料

木塑复合材料（wood-plastic composites，WPC）是用木纤维或植物纤维与热塑性树脂混合，经挤出或压制成型形成的板材或其他制品，其兼有木材和塑料的优点，可以部分替代木材和塑料。木塑复合材料属于一种生物质材料，具有经久耐用、使用寿命长、类似木质外观、比塑料硬度高等优点；其尺寸稳定性比木材强，不怕虫蛀、耐老化、耐腐蚀，吸水性弱、不会吸湿变形，且具有热塑性塑料的加工性，容易成型，能重复使用和回收再利用。近年来，出现了很多使用木塑复合材料制造的套装门，这类套装门是由木质材料和高分子材料辅以各种功能剂通过模塑化挤出成型的新型产品，具有充分发挥木材和塑料的再加工多样性、灵活性的特点。木质门企业多采用木塑复合材料制造门套线部件（图 4-10）。这类门套线部件多采用特殊的空腔结构设计，便于安装，一般用于具有防潮、防腐、防霉、防蛀等要求的场合。

图 4-10 木塑复合材料在门套线上的应用

（2）麦（稻）秸秆人造板

麦（稻）秸秆人造板是利用农业生产剩余物——麦（稻）秸制成的一种性能优良的人造复合板材。麦（稻）秸秆人造板在性能方面处于中密度纤维板和木质刨花板之间，它是一种像中密度板一样匀质的板材，而且具有非常光滑的表面，其生产成本比刨花板还低。它在强度、尺寸稳定性、机械加工性能、螺钉和钉子握固能力、防水性能、贴面性能和密度（比普通木质刨花板密度低 20%）等方面都胜过木质刨花板。

麦（稻）秸秆等农作物秸秆表面有蜡质层，需要对麦（稻）秸秆表面进行改性，改性的主要方法有物理方法（包括水热处理、微波处理、等离子体处理等）和化学方法（包括酸碱溶液处理、生物预处理等）。研究结果表明，通过上述处理，麦（稻）秸秆表面的硅物质和蜡状物质的含量有所减少，界面的活性有所增强，胶合性能有所提升。目前，国内外一般使用异氰酸酯（MDI）胶黏剂作为麦（稻）秸秆的黏合剂，经平窄、长颗粒、增功、干燥、分选、上浆、定向摊铺后，热压形成多层定向结构麦（稻）秸秆板。

4. 木门用涂料

涂料是一种液态或可液化的粉末状态或厚浆状态的，能通过一定的施工工艺均匀涂覆在被涂物表面，经干燥固化后能形成牢固附着，具有一定强度的连续的固态涂膜，对被涂物起到装饰、保护等作用的成膜物质。

木门用涂料按照漆膜表面光泽度不同可以分为高光泽涂料、亚光涂料或半亚光（半高光）涂料，采用光泽度仪可测试出漆膜表面的相应光泽度，以不同光泽度等级来定义可分为三分光、半亚光、七分光以及无光涂料（一般光泽度为两分光以下）。

木门用涂料按照干燥后漆膜的透明度可分为全透明涂料（清漆）、半透明涂料（主要为面着色或红木类涂装）和实色涂料（主要为不透明涂装，一般多用于人造板）。

木门用涂料如同其他木制品涂装涂料一样，随着人们审美和个性化需求变化，需加入某些具有特殊效果的材料（如助剂、各种粉料等），或采用特殊的施工方式，以使得涂料在成膜后形成不同纹理、质感和光泽的表面效果。按照不同的表面效果，可将涂料分为裂纹涂料、浮雕涂料、闪光涂料、拉丝涂料、仿木纹涂料、仿石涂料等。

（1）聚氨酯涂料

聚氨酯涂料（polyurethane coatings，PU 漆），通常是指—OH、—NCO 两个组分组成的涂料，漆膜中含有相当数量的氨酯键，也称聚氨基甲酸酯涂料。聚氨酯涂料不一定含有聚氨酯树脂，只要用异氰酸酯或其反应物为原料制成的涂料都称为聚氨酯涂料。

聚氨酯涂料的主要优点如下：①具有优异的物理力学性能，特别是耐磨性、高附着力、高装饰性、高韧性；聚氨酯涂料是耐磨性最好的涂料，其漆膜断裂伸长率最高；它对木材具有优良的附着力；具有优良的保色保光性能，光泽度好，特别是脂肪族聚氨酯涂料的耐候性更佳，与丙烯酸树脂涂料装饰性能相当，但是耐候性和装饰性要远远好于环氧树脂涂料。②防腐性能好，耐药品性、耐水性、耐热性、耐磨耗性、耐酒精性、电器绝缘性良好。③固化温度范围广，既可以室温固化，也可以低温烘烤固化，可在低温下（−5℃甚至更低温度下）发生交联固化反应，而且漆膜性能好、干燥快。

聚氨酯涂料的主要缺点如下：①容易受到潮气、水分的影响，在湿度较高的环境下，喷涂作业容易产生气泡，使漆膜产生缺陷；②采用甲苯二异氰酸酯制成的固化剂，漆膜受紫外线光照时容易产生变黄现象；③相对于硝基涂料等来说，其干燥时间缓慢，且固化剂不能与水、醇等物质接触，不用时一定要密封储存；④其最大的缺点就是毒性大，一旦多异氰酸酯（如甲苯二异氰酸酯）超标，对人体的危害较大，主要是固化剂（多异氰酸酯组分—NCO）中未能完全反应的游离单体所致。

（2）不饱和聚酯漆

由多元醇与多元酸缩聚而制得的产物称聚酯。聚酯的原料中含一定数量的不饱和二元酸，所得产物称为不饱和聚酯。改变各种醇类和酸类的品种和相对用量，可以得到一系列不同的高聚物。

不饱和聚酯漆是以不饱和树脂作为成膜物质的一类漆，它是一种多组分漆。其中，主剂为不饱和聚酯、苯乙烯单体。最普遍采用的二元醇是 1，2- 丙二醇；常用的不饱和二元酸是顺丁烯二酸酐及反丁烯二酸等；单体选择的是苯乙烯。不饱和聚酯与苯乙烯的成膜反应需要加入辅助原料引发剂和促进剂、颜料、染料及阻聚剂等。

不饱和聚酯漆是独具特色的高级涂料，漆中的交联单体苯乙烯兼有溶剂与成膜物质的双重作用，使聚酯漆成为无溶剂型漆，成膜时没有溶剂挥发，漆的组分全部成膜，固体分含量为 100%。涂饰一遍可形成较厚的漆膜，这样可以减少施工涂层数，而且施工中基本没有有害气体的挥发，对环境污染小。漆膜的综合性能优异，坚硬耐磨，耐水、耐湿热与干热、耐酸、耐油、耐溶剂、耐多种化学药品，并具绝缘性。漆膜外观丰满、充实，具有很高的光泽度与透明度。清漆颜色浅，漆膜保光保色，有很强的装饰性。

不饱和聚酯漆的缺点是：涂料为三液型，按一定比例调配混合后化学反应即开始，这样可使用时间极短，使施工受到很大的时间限制；主剂、硬化剂、促进剂三液调配比例需根据气温而定，调漆比较麻烦。

（3）紫外光固化涂料

紫外光固化涂料，又称 UV 涂料、光敏涂料，是由树脂、单体、光引发剂和其他助剂或添加剂而固化成膜的涂料，涂层必须经紫外光照射才能固化成膜。紫外光固化树脂和单体是一类含有双键的分子量较为均一的化合物，光引发剂经紫外光照射后引发体系自由基聚合，瞬间固化，形成连续的固态涂层。紫外光固化涂料具有涂层干燥快、涂装施工周期短、涂饰与干燥过程中很少有溶剂挥发、施工方便、漆膜性能相对优异等优点。

紫外光固化涂料的缺点主要在于针对异形表面部件易产生由于照射距离不同而导致的表面干燥不均现象，漆膜质量难以保证，且光固化涂料可能产生褪色及涂层变黄等现象；一般气干型涂料可自然干燥，无须投资固化装置，而光固化涂料生产成本相对其他涂料较高，且需一定的固化装置投资及紫外光灯管的更换投入。

（4）水性涂料

水性涂料以水作为溶剂或分散介质，主要成膜物质为水性树脂。一般来说，水性树脂分为溶于水和不溶于水两种，前者制成的水性涂料称为水溶型涂料，后者则以微粒状均匀分散在水中，所制成的水性涂料呈浑浊状态，通常不能用于木质门表面涂装。水性涂料由于其有机挥发物排放的优势，在环保要求非常严格的国外市场，具有重要的市场地位。

水性涂料的优点如下：水性涂料完全以水作为溶剂或分散剂，挥发过程中以水蒸气的形式进入空气，无毒无味，无甲苯、二甲苯等有害物质，不挥发有毒有害有机挥发物，无环境污染，施工卫生条件好；不同于溶剂型涂料的有机溶剂大部分来源于石油资源，资源消耗量大，木制品水性涂料只有树脂和部分助剂来源于石油提炼，价格低廉，净化容易，可节约有机溶剂资源，减少了石油资源的应用，符合可持续发展要求；施工方便，涂料黏度高，可用水稀释，且由于水的潜热较大，挥发较慢，短期不会在容器内硬化，可长时间施工；施工工具、设备、容器等均可用水清洗，整个制备和应用过程的环保性能好；木制品水性涂料以水作为稀释剂，具有防火、防爆等特点，在运输和贮存中更安全；溶剂型涂料的固化剂中含有甲苯二异氰酸酯，因此漆膜表面容易变黄，而水性木制品涂料性能稳定。

水性涂料的缺点如下：水性涂料中的水分容易被木材吸收而导致导管膨胀，出现"涨筋"现象，影响产品外观并有粗糙感，实际施工中，需采用适当的涂料、设备和砂光工具相结合的处理方法，使其表面涂装达到一个可接受的效果；抗粘连性低于溶剂型涂料。

（5）木蜡油（植物漆）

木蜡油是一种环保并具有半封闭性的天然植物提取的木器涂料，主要以梓油、亚麻油、苏子油、松油、棕榈蜡、植物树脂及天然色素融合而成，调色所用的颜料为环保型有机颜料。其成分为天然的植物油成分和动植物蜡，其中植物油可以在一定程度上渗入木材内部与木材相熔融。蜡的功能一般基于"滚珠轴承原理"与"迁移"机理，因为蜡本身具有一定的疏水性，将含有蜡成分的木蜡油涂饰在木材表面可以提高其疏水性，并成膜依附于木材的表面，不仅可以养护木材，还可以提升木材自身所具备的一些性能。由于其具有隔水透气的特点，不会使长期使用后的木制品发生木材及漆膜开裂的情况，起到防护和装饰的作用。

木蜡油涂饰的优点如下：不含苯酚、甲醛、多环芳烃、重金属等对人体有害化学成分，是一种天然环保的表面擦拭剂；不会在木材表面形成漆膜，而是渗透进入木材内部，使得木材自然呼吸，可以更轻薄地展示木材表面的纹理，触感上会更加自然，相对于水性漆干燥速度较快。木蜡油目前只能用于开放或半开放效果涂装，其丰满度、光泽度及填充效果与其他涂料相比较差；且木蜡油不能使用机器喷涂，全靠人工擦涂，因而涂装成本会更高。目前，木蜡油更适用于高档木质门、名贵木材的涂装，能大大提升产品价值。

5. 密封条

密封条在木质门上起着很关键的作用，最明显的是减震，在门挡线上装密封条可以减轻关门时碰撞声，对门扇的边缘起保护作用，并可以延长门的寿命。其次是密封，密封条起到隔绝室内外空气、保温、节能的作用，而且防止蚊虫等钻到室内。

聚氯乙烯树脂是密封条的主体材料，占全部材料的65%~75%。从密封条的使用条件及使用寿命考虑，应选用平均分子量较高的悬浮聚合树脂，以确保产品有足够的拉伸性能和优良的弹性。但随着聚氯乙烯树脂平均分子量的增高，树脂的加工流动性变差。因此，在选用悬浮法聚氯乙烯树脂时，要综合考虑制品性能与加工性能两个方面的因素。木质门密封条产品材质主要以改性聚氯乙烯、硫化三元乙丙橡胶（EPDM）和热塑性三元乙丙橡胶（EPDM/PP）胶条为主。

改性聚氯乙烯胶条，价格相对较低，由于质量优劣不一，价格一般为每吨6000~15000元。低端聚氯乙烯胶条产品由于使用废料、代用增塑剂以及高填充量，胶条弹性差，易发硬，有刺鼻味，易迁移使框料发黄，使用寿命短。中、高端聚氯乙烯胶条能达到相关标准要求指标，使用寿命也相对长一些。由于聚氯乙烯产品含卤素，稳定剂中含重金属，故不利于环保，因此大多数发达国家及国内北京和沿海城市均已淘汰或限制使用聚氯乙烯胶条。

硫化三元乙丙橡胶密封条在密封弹性、持久性方面比聚氯乙烯胶条有很大的加强。但由于需要微波硫化线定型，加工能耗高，通常是聚氯乙烯加工的20倍以上，产品不能回收利用，不环保，不是国家提倡的产品。另外，这类产品材料比重（1.4以上）与聚氯乙烯类相当，出门／窗率与聚氯乙烯胶条相当，使用成本相对偏高，木质门企业难以接受。

热塑性三元乙丙橡胶密封条是在近几年从国外引进技术和国内自主研发的基础上发展起来的一种新材料，主要用于汽车门窗密封条，近年来也开始用于木质门封条。它的突出优点是：①性能和使用寿命与硫化三元乙丙橡胶密封条相当；②加工能耗比硫化三元乙丙橡胶条低（与聚氯乙烯相当）；③不含卤素和铅等重金属，可回收，符合绿色建材要求；④比重小（仅为 0.9~0.95），出门率高，采购单价虽高，但实际使用成本低。

6. 木门用胶黏剂

胶黏剂是一类单组分或多组分，具有优良粘接性能，在一定条件下能使被胶接材料通过表面黏附作用紧密地胶合在一起的物质。按照在木质门制造过程中的用途，分为实木拼板用胶黏剂、门扇及门框贴面胶黏剂、门扇封边胶黏剂、门框及线条包覆胶黏剂、部件组装胶黏剂以及安装胶黏剂等。

（1）实木拼板用胶黏剂

水基型聚醋酸乙烯酯（poly vinyl acetate，PVAc），俗称白乳胶或乳白胶，是用途最广、用量最大、历史最悠久的水溶性胶黏剂之一，是由醋酸乙烯单体在引发剂作用下经聚合反应而制得的一种热塑性黏合剂。可常温固化，固化较快，粘接强度较高，粘接层具有较好的韧性和耐久性，但一般而言耐水性须经改性提高为佳；它以水为分散剂，安全、无毒、不燃、清洗方便，对木材、纸张和织物有很好的黏着力，胶接强度高，固化后的胶层无色透明、韧性好、不污染被粘接物；可作为酚醛树脂、脲醛树脂等黏合剂的改性剂，用于制造聚醋酸乙烯乳胶漆等；稳定性好，储存期可达半年以上。因此，水基型聚醋酸乙烯酯在木质门制造过程中应用较广。

水基型聚异氰酸酯乳液胶（emulsion polymer isocyanate，EPI 聚异氰酸酯乳液）是以多异氰酸酯的单体或均聚物为主体材料的胶黏剂。正名为多异氰酸酯胶黏剂（polyisocyanate adhesives）。这类胶黏剂因异氰酸酯基（—N＝C＝O）的活性大，能粘接如木材、金属和塑料等多种材料，胶接强度高，胶层的韧性可调节、耐老化、有良好的超低温性、可常温固化，但耐热性较差。多异氰酸酯是一个分子中含两个或更多异氰酸酯基的化合物，易与含活性氢的多元醇反应，生成聚氨酯树脂。

（2）门扇及门框板贴面用胶黏剂

木单板、防火板等厚膜或厚板的覆贴用胶黏剂主要为水基型聚醋酸乙烯酯和水基型脲醛树脂（urea-formaldehyde，UF）。

聚氯乙烯薄膜、聚丙烯薄膜等低耐温性薄膜的覆贴用胶黏剂主要包含：水基改性三聚氰胺（melamine urea formaldehyde，MUF）树脂、无水双组分聚氨酯树脂、溶剂型聚氨酯（PU）树脂、溶剂型缩聚树脂、水基型乙烯-乙酸乙烯共聚物（ethylene-vinyl acetate copolymer，EVA）树脂、热熔型活性聚氨酯（PUR）树脂。

（3）门扇封边用胶黏剂

门扇封边常用的胶黏剂主要包含：热熔型乙烯-乙酸乙烯共聚物树脂、热熔型聚烯烃（polyolefine，PO）树脂和热熔型活性聚氨酯树脂。

（4）门框及线条包覆用胶黏剂

门框及线条包覆常用的胶黏剂主要包含：热熔型乙烯-乙酸乙烯共聚物树脂、热熔型聚烯烃树脂、热熔型活性聚氨酯树脂、溶剂型聚氨酯树脂和溶剂型缩聚树脂。

（5）部件组装用胶黏剂

木质门各类部件组装常用的胶黏剂主要包含：水基型聚醋酸乙烯酯树脂、热熔型活性聚氨酯树脂、无水液体活性聚氨酯树脂和氰基丙烯酸盐（cyanoacrylate）胶黏剂。

（6）安装用胶黏剂

木质门在安装过程中用胶黏剂主要包含：单组分活性聚氨酯泡沫胶和双组分活性聚氨酯泡沫胶两种。

7. 玻 璃

玻璃为一种较为透明的固体物质，在熔融时形成连续网络结构，冷却过程中黏度逐渐增大并硬化而不结晶的硅酸盐类非金属材料。玻璃强度及硬度颇高、不透气，在日常环境中呈化学惰性，亦不会与生物起作用，故此用途非常广泛。在木质门中，玻璃可起到装饰、采光等作用。

按主要成分，玻璃可分为氧化物玻璃和非氧化物玻璃。氧化物玻璃又分为硅酸盐玻璃、硼酸盐玻璃、磷酸盐玻璃等。硅酸盐玻璃指基本成分为二氧化硅的玻璃，其品种多、用途广。非氧化物玻璃品种和数量很少，主要有硫系玻璃和卤化物玻璃。

按特性分类，玻璃可分为平板玻璃和特种玻璃。平板玻璃主要分为引上法平板玻璃、平拉法平板玻璃和浮法玻璃。特种玻璃品种较多，主要有钢化玻璃、磨砂玻璃、夹层玻璃、中空玻璃、防弹玻璃、热弯玻璃、玻璃砖、玻璃纸等。

在建筑领域，玻璃可分为净片玻璃、装饰玻璃、安全玻璃、节能装饰性玻璃。

按性能特点，玻璃可分为钢化玻璃、多孔玻璃、导电玻璃、微晶玻璃、乳浊玻璃和中空玻璃等。

按生产工艺，玻璃可分为热熔玻璃、浮雕玻璃、锻打玻璃、琉璃玻璃、夹丝玻璃、聚晶玻璃、玻璃马赛克、无影胶玻璃等。

8. 蜂窝纸

蜂窝纸是牛皮纸经加工形成六角形结构，根据自然界蜂窝结构原理制作的材料。它是把瓦楞原纸用胶连接成无数个正六边形空心立体，形成一个整体的受力件，并在其两面黏合面纸而成的一种新型层状结构的环保节能材料。在木质门的生产中，蜂窝纸可以作为一种常用的门芯填充材料，既可以减少实体木材的用量，又可以达到隔声、隔热的效果，同时在很大程度上降低了木质门的生产成本（图 4-11）。一般而言，制作平面门时，选择 C 型蜂窝纸芯；制作模压门时，则选择 D 型。木质门生产厂家可根据性能和成本要求，选择适当的蜂窝纸芯类型。

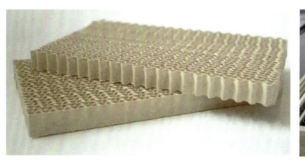 

（a）　　　　　　　　　　　　　　（b）

图 4-11　蜂窝纸及其在木门中的应用

9. 木门用饰面材料

随着木质门生产中各种木质人造板材的发展应用，木质门需要采用各种饰面材料进行贴面处理，其作用主要为表面保护和装饰。木质门表面采用的贴面材料琳琅满目、品种繁多，木质类的有天然薄木、人造薄木、单板等；纸质类的有装饰纸、热固性树脂浸渍纸、高压装饰层积板等；塑料类的有聚氯乙烯薄膜、聚乙烯薄膜等；此外，还有各种纺织物、合成革、金属箔等。不同的饰面材料具有不同的装饰效果，本书主要介绍目前常用的木质门饰面材料。

（1）装饰纸

装饰纸具有美丽、逼真的印刷木纹或图案，并且保色性良好；具有优良的胶合性能，对胶黏剂及涂料有一定的吸收性，以强化纸内纤维间的结合力，但吸收性不宜太大，以免造成透胶及涂料的过多损耗；具有很好的遮盖能力；具有一定的抗拉强度；具有很好的涂饰性能。由于装饰纸具有以上这些优良特性，因此装饰纸贴面木质门不仅美观，且表面具有一定的耐磨、耐热、耐水、耐污染性能。

装饰纸按加工过程可分为原纸、印刷装饰纸、装饰胶膜纸；按表面有无印刷分为素色纸、印刷纸；按饰面工艺不同分为高压法用纸、低压法用纸；按耐光色牢度分为标准级、高保色级。常用的装饰纸主要包含原纸、印刷装饰纸和装饰胶膜纸。原纸是具有一定吸收性和遮盖性的专用于浸渍氨基树脂的钛白纸；印刷装饰纸由原纸经印刷花纹而成；装饰胶膜纸是素色原纸或印刷装饰纸经浸渍氨基树脂并干燥到一定程度，具有一定树脂含量和挥发物含量的胶纸，经热压可相互胶合或与人造板基材胶合。木质门用饰面装饰纸应符合《人造板饰面专用装饰纸》（LY/T 1831—2009）的质量要求。

① 三聚氰胺浸渍装饰纸

三聚氰胺浸渍装饰纸分为低压三聚氰胺浸渍装饰纸和高压三聚氰胺浸渍装饰纸。低压三聚氰胺浸渍装饰纸纸面印有木纹，浸渍低压三聚氰胺树脂，树脂含量为130%~150%，用于刨花板、中密度纤维板为基材的木门贴面，贴面时无须施加胶黏剂，贴面后不再进行涂饰，耐磨性高于预油漆纸。高压三聚氰胺浸渍纸纸面印有木纹，浸渍高压三聚氰胺树脂，树脂含量60%~100%，用于制造木门中使用的装饰层压板（防火板），耐磨性取决于表层纸。

②无醛浸渍胶膜纸

随着木材工业的发展与成熟，无醛胶合板、无醛细木工板、无醛饰面板等各种无醛木质人造板产品相继问世。无醛人造板作为基材板也是木制品制造产业的必然发展方向，其饰面加工对于低醛或超低醛级浸渍胶膜纸的需求与日俱增，浸渍纸产品甲醛释放量的多少，已经演变成室内用浸渍胶膜纸产品的主要竞争点。由此，无醛浸渍胶膜纸在未来几年将是家具与木制品饰面材料的一大主流材料，将其配套用于无醛人造板的饰面，则可打造消费者放心的无醛家具及木制品。目前，国内多家企业及高校、科研院所等都投入大量精力在开发无醛或超低醛浸渍胶膜纸的工作中；而对于无醛浸渍胶膜纸的研究，其关键环节之一就是研究其使用的无醛或超低甲醛含量的浸渍胶，存在的技术难题主要为甲醛释放量与浸渍纸耐水性之间、甲醛释放量与浸渍纸表面性能之间不能兼顾的问题。

③柔性浸渍胶膜纸

浸渍胶膜纸饰面纤维板、刨花板、胶合板和细木工板（俗称生态板）等家具及木制品，近年来被广泛用于家具、橱柜、木质门窗以及室内装修等领域。浸渍胶膜纸作为家具表面饰面材料的一种，近年来产品质量得到极大改善，通过对原纸质量以及浸渍胶膜纸浸胶量、残余挥发物含量、预固化度和浸渍胶膜纸贮存条件的控制，使产品尽可能符合饰面人造板的实际应用要求。而三聚氰胺和脲醛胶的浸入，会使胶膜纸的柔韧性有所下降，脆性相对提高，对于部分有异形部件的家具及木制品，则难以进行表面热压贴面，会影响产品质量。由此，柔性浸渍胶膜纸是目前胶膜纸的一个发展方向，通过原纸材料的选择，胶黏剂的研发和涂胶量、预固化度等的协同处理，实现产品柔韧性的提升。

④阻燃胶膜纸

目前，饰面浸渍胶膜纸难以同时兼具良好的装饰效果和阻燃性能。即提高了饰面浸渍胶膜纸的阻燃性能，其装饰效果就会变差；饰面浸渍胶膜纸的装饰效果变好了，其阻燃性能就会变差。现有的浸渍胶膜纸阻燃剂在浸渍工艺中的应用效果大多不理想，通常阻燃剂难以与装饰效果的树脂同时固化，从而影响后续的压贴。中国林业科学研究院木材工业研究所发明了一种阻燃型饰面浸渍胶膜纸，其阻燃树脂组合物的固化时间与花纹面涂布的第二道氨基树脂的固化时间相近，这样可保证在胶膜纸木质花纹等装饰图案成型的前提下，也使浸渍胶膜纸具有阻燃功能，使饰面木质材料的阻燃等级达到国家标准要求。

⑤数码打印装饰纸

普通的饰面纸经下游印刷木纹等纹理图案、浸渍三聚氰胺贴面后做成装饰材料，通常存在易掉色、色彩不鲜艳、层次感不强、图像单一等缺点。现阶段，随着数码技术的快速发展，数码打印纸也逐渐应用在木质门上。在研发初期，其主要存在成像像素不高、图像不够逼真、图像还原度不够等缺陷。在后续加工过程中，其容易产生浸渍不充分、渗透不好、图像变色失真、压贴后板面有斑驳等缺点。而随着人民生活水平的不断提高，人们对装修装饰的质量和效果有了更高的要求，性能良好的数码打印装饰纸是装修装饰走向高端化、个性化方向的必然需求。齐峰新材料股份有限公司、淄博欧木特种纸业有限公司、杭州天元诚达装饰材料有限公司等企业，先后投入数码打印装饰纸的研发生产中，其通过对原材料的选型、配比及制备工艺等协同处理，生产出的数码打印装饰纸具有良好的遮盖性、纤维分布均匀性，纸张表面细腻、透气性好、耐晒等级高、色彩鲜艳饱满。

⑥预油漆装饰纸

预油漆装饰纸是将表面印有木纹或其他图案的优质装饰纸，经水性树脂浸渍、涂布表层油漆等工艺加工制成的一种人造板表面装饰材料。预油漆装饰纸的外观效果好，质感逼真，易弯曲且富有弹性，耐污染、耐老化，且由于表面已经预涂漆膜，可避免异形表面砂光难且多为手动砂光的问题，在家具及木制品表面装饰和室内装修领域应用前景广阔。预油漆装饰纸根据工艺需求通常分为最终处理型和可再涂型，按柔软度可分为标准型、柔软型和超柔软型，按装饰部位可分为平压型、辊压型、在线贴面型等。具体生产工艺中，可选择不同特性的预油漆装饰纸材料。

（2）塑料类

①聚氯乙烯薄膜

聚氯乙烯薄膜是以高分子聚合物为原料，主要成分为聚氯乙烯，添加各种助剂，经压延、复合、木纹印刷而制得的一种装饰材料（图4-12），厚度一般为0.38~0.43mm，可在室内墙面、免漆板材、装修收尾等场合替代传统的油漆使用。聚氯乙烯薄膜的最上层是漆，中间的主要成分是聚氯乙烯，最下层背涂黏合剂。聚氯乙烯薄膜色泽鲜艳，具有高抗光性、耐水性、耐腐蚀性、稳定性及易清洁等优点，是木质门常用的饰面材料之一。聚氯乙烯薄膜根据是否含有柔软剂可分为软聚氯乙烯薄膜和硬聚氯乙烯薄膜：软聚氯乙烯薄膜一般用于地板、木质门、天花板以及皮革的表层，但由于软聚氯乙烯薄膜中含有柔软剂，容易变脆，不易保存，所以其使用范围受到了限制；硬聚氯乙烯薄膜不含柔软剂，因此柔韧易脆，无毒、无污染，保存时间长，具有很高的开发应用价值。

图4-12　聚氯乙烯薄膜

②树脂浸渍纸连续热压装饰层积板

树脂浸渍纸连续热压装饰层积板（CPL）是一种三聚氰胺连续层压材料，为热固性树脂浸渍纸连续层压板，属薄型防火板。树脂浸渍纸连续热压装饰层积板表面密度高，耐磨性好，具有良好的防火、防水性能。经树脂包覆后的产品无须再做面层油漆，即可表现出天然的木纹纹理，免去了油漆带来的二次污染。树脂浸渍纸连续热压装饰层积板具有很高的表面密度，耐划、耐烟灼、耐热、耐水性能显著。而且相对于其他饰面材料，它还具有良好的抗弯曲性能，具有很好的包覆柔韧性及成型后的包覆丰满度。目前，树脂材料在木门产业的应用量逐年增加，树脂浸渍纸连续热压装饰层积板木质门作为高端产品，越来越被广大消费者接受和认可。

③聚对苯二甲酸乙二醇酯装饰膜

聚对苯二甲酸乙二醇酯（PET）装饰膜是以聚对苯二甲酸乙二醇酯为原料，采用先进的工艺配方，经过干燥、熔融、挤出、铸片和拉伸法制成的高分子塑料薄膜材料（图4-13），其光泽性好，机械性能优良性能，刚性、硬度及韧性高，耐摩擦性、耐高温和低温性能、耐化学药品性、耐油性、气密性均良好，且价格便宜。目前，其在家具与木门表面装饰膜领域应用得越来越多。

图4-13　聚对苯二甲酸乙二醇酯装饰板

根据生产聚酯薄膜所采用的原料和拉伸工艺不同，聚对苯二甲酸乙二醇酯薄膜可分为双向拉伸聚酯薄膜（BOPET）和单向拉伸聚酯薄膜（CPET）。木质门表面装饰用聚对苯二甲酸乙二醇酯装饰膜通常为前者，利用有光料，是在原材料聚酯切片中添加钛白粉，经过干燥、熔融、挤出、铸片和纵横拉伸而得到的高档薄膜。双向拉伸聚酯薄膜强度高，刚性好，透明光泽度高；无臭、无味、无毒，具有突出的强韧性；拉伸强度可达到尼龙膜的3倍，冲击强度是双向拉伸聚丙烯薄膜的3~5倍，有极好的耐磨性、耐折叠性、耐针孔性和抗撕裂性；热收缩性小，耐热性和耐蒸煮性、低温性好，产品应用前景广阔。目前，很多企业已经专注于开发各种饰面效果的聚对苯二甲酸乙二醇酯装饰膜，如具有警示功能的耐热耐阻燃聚对苯二甲酸乙二醇酯装饰膜、金属拉丝效果的聚对苯二甲酸乙二醇酯装饰膜、抗划伤和具有优异触感的聚对苯二甲酸乙二醇酯装饰膜、表面覆盖花纹的聚对苯二甲酸乙二醇酯装饰膜等。聚对苯二甲酸乙二醇酯装饰膜通常包含聚对苯二甲酸乙二醇酯膜、涂覆在聚对苯二甲酸乙二醇酯膜下表面上的打底涂层、涂覆在打底涂层上的热熔胶层、涂覆在聚对苯二甲酸乙二醇酯膜上表面上的各类特殊效果涂层等。以肤感聚对苯二甲酸乙二醇酯装饰膜为例，其制作工艺为：通过网纹滚涂方式将打底涂层涂覆在聚对苯二甲酸乙二醇酯膜的下表面，即为聚对苯二甲酸乙二醇酯打底涂层，该打底涂层的厚度控制为 2~20 μm；通过滚涂方式将真空吸塑胶涂覆在聚对苯二甲酸乙二醇酯膜的下表面，即为聚对苯二甲酸乙二醇酯肤感膜，其胶层厚度控制为 10~50 μm；通过滚涂方式把具有肤感特点的亚光涂层涂在聚对苯二甲酸乙二醇酯肤感膜的上表面，通过烘道加热把该亚光涂层烘干，即形成抗划伤、有肤感的聚对苯二甲酸乙二醇酯装饰膜，烘干后形成的亚光涂层的厚度为 3~15μm。

图4-14　聚丙烯装饰膜

④聚丙烯装饰膜

聚丙烯（PP）装饰膜是以聚丙烯为原料制成的一种免漆家具表面应用装饰膜（图4-14），最近在市场上的需求量逐渐提升，也是中国林产工业协会以及国家相关部门正在力推的产品。不同于聚氯乙烯装饰膜中含有氯化物等有害物质，聚丙烯装饰膜安全无毒、立体效果好，因此具有广阔的市场应用前景。

（3）薄　木

薄木（wood veneer），俗称木皮，是一种具有珍贵树种特色的木质片状薄型饰面或贴面材料。按薄木形态主要可分为天然薄木（natural veneer）、人造薄木（artificial veneer）和集成薄木（integrated veneer）。天然薄木是由天然珍贵树种木材或自然生长木材的木方直接刨切制得的薄木；人造薄木是由一般树种木材的旋切单板仿照天然木材或珍贵树种木材的色调染色后，再按纤维方向胶合成木方后制成的刨切薄木，即科技木；集成薄木是由珍贵树种或一般树种（经染色）的小方材或单板按薄木的纹理图案先拼成集成木方后，再刨切成的整张拼花薄木。

①天然薄木

天然薄木是采用珍贵树种，经过水热处理后刨切或半圆旋切而成（图4-15）。它与集成薄木和人造薄木的区别在于木材未经分离和重组加入其他如胶黏剂之类的成分，是名副其实的天然材料。此外，它对木材的材质要求高，往往由名贵木材制作。因此，天然薄木的市场价格一般高于另两种薄木。天然装饰薄木常用树种：东北材，如水曲柳、楸木、榆木、黄菠萝、桦木、椴木等；东南亚材，如西南桦、黄云条、金丝柚、白莲木、柚木等；非洲材，如黑檀、紫檀、花梨木、酸枝、桃花心、紫杉、麦哥利、沙比利等；北美材，如樱桃木、红橡木、白橡木、枫木、山核桃、赤杨、黑胡桃木、黄杨、白杨、白蜡木、黄松等。

图4-15　天然薄木

天然薄木厚度为 0.5mm 及以上，在木质门表面贴面中，通常直接采用胶黏剂粘贴；而当装饰薄木较薄，厚度为 0.16~0.4mm 时，通常在其底面粘贴无纺布、纸张或塑膜等增强材料，以提高薄木的柔韧性、横向抗拉强度和耐水性，从而符合木门表面饰面要求。

②人造薄木

人造薄木又称科技木，是以常见树种木材制成的普通单板为原料，经漂白、染色、施胶组坯后压制成木方，再经刨切或旋切而制成的薄木（图4-16）。制备人造薄木的树种应具备以下条件：木材纹理通直、材质均匀无腐朽且易于切削，易于染色、胶合及表面涂饰，价格便宜、原料充足。人造薄木生产工艺过程为：原木→截断→剥皮→蒸煮→单板旋切→单板干燥→调色处理→涂胶→组坯→胶压→锯方→刨切→剪切→人造薄木。

图4-16　人造薄木

人造薄木的制造科技含量较高，从花纹的电脑设计、模具的制作到基材的染色、人造木方的压制等都有较高的技术要求。其中，单板旋切的方法与普通胶合板所用的单板相同，水热蒸煮条件根据树种而定；单板染色前通常还需先进行脱脂或漂白处理，染色要求整张、全厚度进行，不能仅为表面染色。染色后的单板经水冲洗，然后干燥至含水率为

8%~12%。人造薄木木方制造所用胶黏剂根据胶合工艺不同有多种，但均要求有一定的耐水性，且固化后有一定的柔韧性，以免刨切薄木时损伤刀具。常用的有聚氨酯树脂、环氧树脂、脲醛树脂与乳白胶的混合胶等。单板涂胶后，按设计纹理要求将不同色调的染色单板按一定方式层叠组坯，然后根据花纹设计在不同形状的压模中压制。压制后的毛坯方按要求锯制、刨光成人造木方。木方的两端头用聚氯乙烯薄膜封边，聚氯乙烯薄膜的增塑剂含量为 25%~40%，采用的胶黏剂为氯丁橡胶胶黏剂；人造木方的刨切与普通天然薄木的刨制方法完全一样，根据木方形状与刨切方向不同，可以得到径面纹理、弦面纹理、半径面纹理及其他天然木材所不具有的新颖纹理。

③集成薄木

集成薄木是将一定花纹的木材先加工成规格几何体，然后在这些几何体需胶合的表面涂胶，按设计要求组合胶结成集成木方，再经刨切而成的薄木。集成薄木对木材的质地有一定要求，图案的花色很多，色泽与花纹的变化依赖天然木材，自然真实。集成薄木多用于家具部件、木门等局部处的装饰，一般幅面不大，但制作精细，图案比较复杂。其制造工艺为：单元小木方的加工→小木方配料→含水率调整→组坯与陈放→冷压和养护。

单元小木方的加工是按照设计的薄木图案，将木材加工成不同花纹、不同颜色、不同几何尺寸的单元小木方，应将单元小木方的含水率保持在纤维饱和点以上，以免小木方干缩和变形；小木方配料是根据设计图案的要求将小木方按树种、材色、木纹、材质、几何尺寸等配料，配好料的小木方先经蒸煮软化，提高其含水率，然后将拼接面刨光，使拼接面缝隙尽可能小；集成木方的胶拼用胶一般为湿固化型的聚氨酯树脂，该树脂需要吸收水分来固化。因此，小木方的含水率要调整到 20%~40%；含水率调整好的小木方即可进行涂胶和组坯，胶合面的单面涂胶量为 250~300g/m^2，需根据胶种和环境温度的不同陈放一段时间；冷压压力一般为 0.5~1.5MPa，加压时间随胶种和气温的不同而变化。冷压后可立即进行蒸煮，也可浸泡在水中进行养护，使集成木方的含水率保持在 50% 左右。

二、主要原材料供应商及原材料应用情况

1. 现有主要原材料供应商情况

木门产业链上游涉及的原辅材料主要包括：中（高）密度纤维板、胶合板（含单板层

积材）、刨花板等木质材料，还有胶黏剂、油漆、五金件以及饰面材料等。

（1）纤维板类产品情况

截至 2021 年年底，全国 376 家纤维板生产企业保有纤维板生产线 425 条，分布在 24 个省（自治区、直辖市），总生产能力为每年 5355 万 m^3，净增生产能力为每年 179 万 m^3。国内主流生产企业有大亚圣象、广东威华、山东佰世达、河北鑫鑫木业、广西丰林、宁丰集团、广西三威等。

（2）胶合板（含单板层积材）类产品情况

截至 2021 年年底，全国保有胶合板类产品生产企业 12550 余家，分布在 26 个省（自治区、直辖市），总生产能力约为每年 2.22 亿 m^3。国内主流生产企业有广西鑫恒晶、杭州大王椰、临沂千禧鸿福、德华兔宝宝、山东千森、山东新港、千年舟、维德木业等。

（3）刨花板类产品情况

截至 2021 年年底，全国 312 家刨花板生产企业保有刨花板生产线 331 条，分布在 23 个省（自治区、直辖市），总生产能力为每年 3895 万 m^3，净增生产能力为每年 204 万 m^3。国内主流生产企业有万华禾香、宁丰集团、广西丰林、江苏东盾、千年舟、大亚圣象、福人集团、湖北康欣、广西林业集团等。

（4）胶黏剂类产品情况

胶黏剂国外知名供应商有欧美地区的汉高、富乐、胶王、克力宝、富兰克林国际等，亚洲地区的日本 DIC、南宝树脂、长兴化学、太尔等。国内主流生产企业有顶立、永特耐、韩拓（中韩合资）、优胜、万华化学、巴斯夫、亨斯迈、华威、路嘉、中科朝露、光洋、小西、三井等。

（5）油漆类产品情况

油漆类产品国内主流生产企业有展辰、华润、三棵树、大宝、嘉宝莉、汇龙、君子兰、立邦长润发、伯丁克等。

（6）饰面材料类产品情况

饰面材料产品国内主流生产企业有杭州帝龙、天元汇邦、佳饰家、贝辉、天安、霍尔茨、天津盛世德等。

（7）五金配件类产品情况

五金配件主要指将木门的各个部件连接起来，并能起到装饰作用的金属件。常用的五金配件有铰链、定位器、滑道、拉手、闭门器、门锁等。国内主流生产企业有海福乐、雅洁、西玛、KLC、顶固、贝犀等。此外，以木质原材料制造的旋转门、折叠门对五金配件的应用也越来越多，这些特殊的五金配件生产企业主要有赛乐高等。

2. 现有原材料应用情况

（1）原材料综合利用率较高，但档次参差不齐

木门用原材料种类较多，涉及多种木质和非木质材料。以实木门为例，其使用的木材主要以材料利用率较高的集成材和指接材为主，在加工中基本可以实现优化下料，最大程度地节约资源。实木复合门和木质复合门的原材料综合利用率更高，这两种木门产品可实现多种材料的有效搭配，特别是加工剩余的边角料可以经过二次加工，在保证成品质量和环保要求的前提下作为门扇内部填充材料使用，极大地提高了原材料的综合利用效率。受到木门材料和结构影响，总体而言，实木门的原材料综合利用率可达到80%以上，实木复合门的原材料综合利用率可达90%以上，而木质复合门的原材料综合利用率为95%左右。但另一方面，由于涉及的原材料种类较多，特别是部分木质和木质复合材料的力学和理化性能仅从外观很难判别，特别是木门的防变形、防潮等性能对消费者来说短时间内也不易判断，因此现有木门原材料应用中存在原材料以次充好、档次参差不齐等问题。

（2）原材料整体绿色化水平相对较低

木门的原材料80%以上来自人造板，而板材的制造离不开胶黏剂。绿色环保的家居产品是未来必然的消费趋势。但现在人造板产业对板材的宣传普遍存在混乱且标准不统一现象，不仅有"无醛""0醛""净醛"等名词，还有欧洲标准、日本标准、美国标准等不同的标准，而木门产品使用 E_0 级人造板材的比例不到50%，木门制造过程中贴面、复合、涂饰等环节还存在使用甲醛基胶黏剂和溶剂型涂料的情况，用于木门表面装饰的无醛类装饰纸等材料普及程度也不高，使得后期产品使用过程中产生甲醛、甲苯、二甲苯等挥发气体。因此，目前木门产品的原材料整体绿色化水平还相对较低。

三、木门用原材料应用趋势

1. 多元化与专业化

木门的用材非常广泛，每一种材料都有其独特的优势，也必定有其局限性，而消费者的需求也各有不同。近年来，越来越多的木门产品在原材料的选择上更趋于多元化，将各

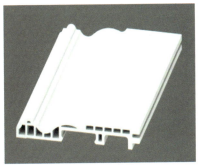

（a）框剪结构实木板门芯　　　　（b）聚苯乙烯泡沫门芯　　　　（c）木塑门套线

图 4-17　多种木门用新兴原材料

种材料应用到最适合它们的产品风格与部位上，如人造板与木材、木材与竹材、木材与塑料、木材与金属、木材与石材、木材与皮革等多种元素的组合，又如饰面材料的应用上出现的聚丙烯装饰膜、塑膜增强柔性装饰薄木、数码打印装饰纸、预油漆装饰纸等。而木门辅料配套产品更加细化和专业化，用途愈加明确，如新出现的框剪结构实木板、聚苯乙烯泡沫（EPS）门芯填充材料、涂泥门套线、木塑门套线、配套的木门饰面板、单板层积材门扇框架等原材料产品，如图 4-17 所示。

2. 绿色化与高端化

随着国家对环保要求的日益重视和消费升级趋势的发展，消费更多融入低醛环保、原生态、创意美学等理念，市场先后出现了以高端无醛生态人造板、硅藻土纤维板、轻质纤维板、超强刨花板、生态板等为基材的绿色木门家居制品。而《人造板及其制品甲醛释放量分级》（GB/T 39600—2021）和《人造板及其制品气味评价方法》（LY/T 3236—2020）等标准的颁布，也进一步规范了目前市场上对使用无醛添加的胶黏剂的板材定义、人造板气味等级评价的乱象。其中《人造板及其制品甲醛释放量分级》（GB/T 39600—2021）将室内用人造板及其制品的甲醛释放量按照限量值分为 3 个等级，即 E_1 级（甲醛释放量 $\leq 0.124\text{mg/m}^3$）、E_0 级（甲醛释放量 $\leq 0.050\text{mg/m}^3$）和 E_{NF} 级（甲醛释放量 $\leq 0.025\text{mg/m}^3$）。此外，近年来，精准对纹饰面人造板（图 4-18）、镜面高光饰面人造板（图 4-19）、肤感饰面人造板（图 4-20）等人造板，无醛装饰纸、树脂浸渍纸连续热压装饰层积板、聚对苯二甲酸乙二醇酯、聚丙烯薄膜等高端饰面材料，水性漆、植物基木蜡油抗菌漆等环保涂料饰面的木门产品也得到了极大发展。如精准对纹饰面人造板能够还原天然实木、石材、皮革、布料的质感，具有免漆、环保、时尚的优点，深受高端定制家居和门业企业的喜爱。

（a）榆木纹理 （b）枫木纹理 （c）橡木纹理 （d）影木纹理

（e）皮纹系列 （f）布纹系列 （g）石纹系列 （h）钢纹系列

图 4-18 精准对纹饰面人造板

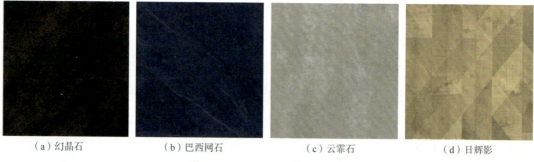

（a）幻晶石 （b）巴西网石 （c）云霏石 （d）日辉影

图 4-19 镜面高光饰面人造板

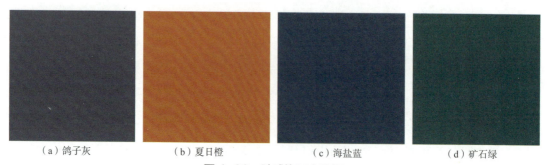

（a）鸽子灰 （b）夏日橙 （c）海盐蓝 （d）矿石绿

图 4-20 肤感饰面人造板

3. 功能化与智能化

功能化和智能化木门是未来产业的重要发展方向，原材料作为木门构成的主体，同样可以进行功能化和智能化的开发。近些年，部分木门原材料企业开始聚焦消费热点需求，从终端产品功能、效果、体验、服务等方面出发进行研发和设计，创新研发出了一系列具有隔声、防潮、阻燃、防霉、抗菌、防白蚁、防虫蛀等多功能型人造板，作为木门用板材原材料，使木门的应用场景更加广泛。

在智能化原材料方面，市场上有一种内置导体人造板，就是在胶合板、密度板或刨花板等人造板内直接铺设导体，将导体以安全的方式嵌入板材中。这种板材的外观与普通板材并无差异，但它以饰面板通电、通信为平台，构建声、光、电、传感器等多种智能家居场景，拓展了饰面人造板的功能和属性。此外，随着物联网、人脸识别、语音识别等技术在门业产品中的应用，挖掘防火、防盗、自动报警、环境监测、实时通信等功能需求，智能门锁（图 4-21）、智能摄像头（图 4-22）、智能门铃、温湿度传感器、气体浓度传感器等智能化产品、配件、部件也更多地应用到木门家居领域。通过创新外观、结构等门业产品形态，门业企业进一步提升了感应、触摸、免接触式等产品的用户交互体验，促进了木门家居产品融入家庭智能管理系统。空间上，可以以智慧客厅、智慧厨房、智慧卧室、智慧浴室等为应用场景，如近场通信（NFC）智能门禁系统，可监测室内温度、湿度、甲醛与PM2.5 含量的智能门。图 4-23 为将微型智能净化设备内嵌于木门内的一种可进行空气净化和检测空气质量的智能木门，该设备可自动检测空气中的 PM2.5、温度、湿度，将检测数据与标准参数进行自动比对，超出标准就会启动智能净化。用户可通过手机 APP 随时随地查看监测室内空气质量的实时动态，还能进行远程控制开关、大数据采集分析等操作。

图 4-21　智能门锁

图 4-22　智能摄像头

　（a）木门外观　　　　　　　（b）内部结构　　　　　　　（c）净化设备

图4-23　智能净化设备应用于木门

第 5 章
木门专用加工装备

我国木门产业的快速发展，对木门制造工艺与机械提出了更高的要求。传统的木门加工方法使用的机械数量多，工序之间缺乏自动化连续作业，费时费力，无论是加工质量还是生产效率都不能很好地满足木门企业及用户的需求。近 10 年，经过木工机械制造企业的不断创新与发展，木门加工机械的科技含量与技术水平得到了大幅提高，木门加工也由原来的通用设备加工转变为专用装备加工，由原来的手工、机械化制造逐步进入自动化、智能化制造阶段。

一、木门加工装备产业现状

1. 我国木门加工装备产业发展概况

我国木门制造业一直与家具制造业有着深厚的渊源，长期以来，木门生产主要采用家具通用机械，普遍存在生产效率低、劳动强度高和安全性弱等问题。木门制造作为家具产业的细分产业，近10年来才在我国逐步形成并发展壮大，木门专用机械的研发也日益得到重视。在欧洲各国、日本等发达国家，普通木门专用机械在木门制造业持续应用了很长时期，直到21世纪初，随着计算机及自动化技术的日益普及和深入，自动化专用机械才开始越来越多地应用于木门制造。我国木门专用机械开发起步虽晚，但恰逢信息技术高速发展时期，并在我国社会经济结构转型、人口红利消退、劳动力短缺、原料等各项成本趋势性上升、产业政策扶持等因素的共同作用下，我国木门自动化机械制造业得到了快速发展，一批木工机械企业相继进入木门加工机械的开发研制领域中来，并陆续推出了多种木门专用加工机械。自2005年，南通跃通木工机械有限公司（现为南通跃通数控设备股份有限公司）推出首台国产数控木门综合加工机之后，近10年内，木门的门扇、门梃、门框等各部件加工专用机械相继问世，集多种功能于一体，以其智能化、高品质、高效率、低强度、低成本、绿色安全等诸多优势，得到产业的认可，带动了木门加工方式的创新，促进了木门加工效率和产品质量的提升。

2. 我国木门加工装备制造企业及其主要产品情况

我国木工机械制造企业中，能够提供木门机械的企业有50余家，主要分布在广东、江苏、山东、山西、河北等地，包括南通跃通、东莞南兴、广州弘亚、广东豪德、博硕涂装、青岛千川、建诚伟业、山西秋林、石家庄灿高、石家庄纪元、济南展鸿图等企业。常用的木门加工专用机械主要用于备料、门扇加工、门梃加工、门框（门套）加工、装饰线条加工，以及表面涂装等环节，机械产品主要包括门扇压贴机械、包覆设备、门扇四边锯、门扇锁孔铰链加工机械、门扇表面砂光机（含异形）、门框封边开槽机、门套角部与五金孔加工机械、贴脸（门套线）装饰线条拼接机械、涂装机械、流转设备等。由于木门生产制造涉及的环节众多，需要的设备种类繁多，没有任何一家设备制造厂的产品能够完成所有的加工环节。近些年又出现了一些木门生产方案整合型的公司，它们能够提供完整的生产线规划方案，对促进产业发展起到了积极作用。此外，木门生产线智能化软件作为木门加工机械的软件部分，侧重于为客户提供专业的造门系统及软件解决方案，能够有效提升木门加工专用机械的自动化水平，实现个性化定制的规模化生产。专用木门加工装备重点产品及其主要生产商见表 5-1。

随着近年来，我国信息技术的发展，在木门产业企业信息化技术应用层次也逐渐深化和细化，主要朝着两个方向发展：一方面朝着全面企业业务管理方向发展；另一方面朝着针对企业某一业务需求的专业化工具软件发展。

企业在进行信息化建设时，需兼顾以上两方面信息化发展方向，因此形成了大致如图 5-1 所示的企业软件系统架构。

表 5-1　木门专用加工装备重点产品及其主要生产商

机械名称	部分主要生产商
门扇压贴机械	山西秋林、佛山万锐、广东威德力、石家庄灿高、石家庄纪元、广东科匠
木门包覆机械	济南展鸿、泰安展鸿、广东铁哥、广东通驰、山东金贝兰
门扇四边锯	南通跃通、广东豪德、舒平精工、江苏国全
门扇五金安装位置加工机械	南通跃通、广东威荣、广东裕匠、舒平精工、江苏国全
门框加工机械	南通跃通、广东威德力
门扇曲面砂光机械	青岛千川、青岛建诚伟业、广东磨克、青岛威特动力、广东智度
门框封边开槽机械	南通跃通、东莞南兴、广州弘亚、广东豪德、广东派特尔
门框角部加工机械	南通跃通、广东裕匠、舒平精工、欧码机械、广东派特尔
门框锁孔铰链安装位置加工机械	南通跃通、舒平精工
门框装饰线条拼接机械	南通跃通、沈阳宝山
涂装机械	广东博硕、广东沃顿、广东派特尔、广东泰上
流转设备	江苏力维、广东富全智能
系统方案整合	南通跃通、欧码机械、杭州易典

图 5-1　木门企业软件系统架构图

　　企业软件系统分为外围辅助工具和企业内部信息化平台2层。外围辅助工具主要包括销售渠道（目前主要有天猫、京东、微商城、销帮帮、自建电商系统等电商平台）、三维设计工具（酷家乐、三维家等）、支付结算系统（支付宝、微信、银行网银等）等辅助工具，通过接口（API）方式辅助企业实现业务信息一体化；企业内部信息化平台，包括客户关系管理系统（CRM）、订单管理系统（OMS）、企业资源计划系统（ERP）、生产制造系统（MES）、质量管理系统（QMS）、库房管理系统（WMS）和企业办公协同系统（OA）等系统，通过流程管理（BFMS）、产品生命周期管理（PLM）和权限管理（PMI）等管理功能实现企业全部业务系统化运转。企业内外系统运行形成的数据资产，通过智能商业分析（BI）系统的统计和分析，为企业经营决策提供科学的数据支撑。

　　一般来说，企业的信息化建设包括下面的业务功能：系统管理、产品管理、销售管理、财务管理、生产管理、质量管理、库房管理、物流管理、工程管理、测量管理、服务管理、售后管理、数据统计分析、通知消息管理等功能模块。如图5-2所示为企业信息化平台的主要功能架构。

　　系统管理主要是指管理企业组织架构、人员权限、业务流程、系统属性配置等系统基础信息配置。

　　产品管理主要是指管理产品档案、产品价格等产品属性配置和产品约束条件。

　　销售管理主要是指管理企业各类销售订单以及和第三方销售系统数据信息对接业务。

　　财务管理主要是指管理企业往来款项、资产、资金等。

图5-2　信息化平台功能架构

生产管理主要是指管理生产任务、生产进度、工艺流程、生产材料、生产成本控制等业务。

质量管理主要是指管理产品质量检验、分析影响产品质量因素等业务。

库房管理主要是指管理产品、材料入库、库位、出库等业务。

物流管理主要是指管理订单发货、订单追踪等业务。

工程管理主要是指管理工程项目规模、产品数量、工程关键事项进度等业务。

服务管理主要是指管理产品测量、送货、安装等业务。

售后管理主要是指管理售后原因、售后责任、售后处理方式等业务。

数据统计分析主要是指提供以上各项业务数据统计与数据分析。

通知消息管理包含了多角色登录确认、信息提醒、微信推送等多种信息通知功能。

企业信息化平台在满足企业各种业务功能需求的同时，还应具备稳定性、灵活性、扩展性、技术主流性、安全性要求。其中，稳定性、扩展性、技术主流性、安全性为系统隐性属性，而灵活性为系统显性属性，系统灵活性高能大大提高使用人员的工作效率。如图 5-3 所示为某企业信息化平台流程管理，包括：创建业务流程名称，创建业务流程包含的流程节点，创建业务节点下角色任务事件，为任务事件创建同步子任务。

3. 国内外木门加工装备市场需求分析

目前，国内木门产业年总产值近 1600 亿元，共有超过 8000 家木门企业。据相关统

图 5-3 信息化平台流程管理图（由北京联汇软件提供）

计，每年因新建木门生产线和旧线升级改造，国内木门加工机械年市场产值约为 80 亿元，其中，国内产机械约占 90%，国外产机械约占 10%。事实上，国外机械进口数量并不多，但其单台价值通常要高出国产机械 2.5 倍甚至更多。当前我国木门企业采用木门加工通用机械比例达 80% 以上，木门专用机械特别是自动化机械占比还比较低。因此，开发高质量、高性能的自动化专用机械将成为国内木门机械制造企业发展的必然趋势。同时，对木门生产企业来说，质量好且性价比高的国产木门生产专用机械有利于木门企业进一步节约生产成本。

受到木材资源、地域文化等因素的影响，拼装式木门在国际市场上的需求量远大于国内市场需求。这直接影响到我国木门成套设备的出口。目前，我国拼装式木门加工设备的出口量远大于层压式木门加工设备，且相对于国外的机械设备在工艺适应性、系统兼容性等方面具有一定优势。乌克兰、加拿大、以色列、白俄罗斯等多个国家的木门企业均从我国引进成套拼装式木门生产线。我国的南通跃通数控设备股份有限公司已能配套提供拼装式木门的横梃、立梃、线条等主要部件的完整自动化连续生产线，且生产节拍最高可达 12s。其中，横梃生产线包括定长、翻转、钻油漆工艺孔，以及双端铣型、铣型面紫外光固化涂料封底、干燥、钻孔、喷胶、装榫等多道工艺，如图 5-4 所示；立梃生产线包括定长、钻榫孔、铣锁铰孔槽和识标槽、榫孔喷胶等多道工艺，如图 5-5 所示；线条生产线包括线条定长、双端 45°角锯切、精铣、钻榫孔、喷胶、装榫等多道工艺，如图 5-6 所示。由于不同木门工厂采用工艺有所不同，生产线上各设备配置也会有区别。

图 5-4　木门横梃生产线

图 5-5　木门立梃生产线

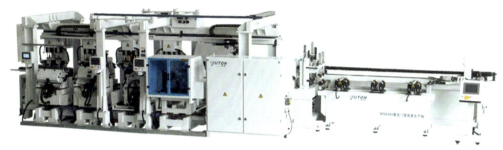

图 5-6　木门线条生产线

4. 我国木门加工装备市场竞争力分析

目前，我国木门企业的加工机械配置为引进欧洲机械、购置国产机械、引进欧洲机械和购置国产机械结合、企业自制机械等多种方式并存。2013 年之前，木门产业骨干企业的规划和在建设项目，如大自然木门、合雅木门、华鹤木门等，以采购欧洲机械为主要投资方式；大连骊住通世泰、昆山日门、TATA（囧囧）木门、吉林森工霍尔茨、沈阳 3D、上海安洋、浙江华悦梦天、重庆航诺、双驰等木门生产企业，以购买国产机械为主要投资方式。2013 年以来，随着我国木门自动化专用装备快速发展，不管是外商独资公司、国内上市公司，还是民资木门企业，投资国产机械的比例均呈直线上升趋势。在木工工段，国产的自动化柔性生产线已经牢牢占领了高端客户市场。在我国主要木制品自动化制造加工领域，国产木门自动化机械在与国外机械的竞争中，日益彰显出强劲的竞争力，出现了一系列国产木门自动化制造的成功案例。如河南恒大江山欧派、TATA（囧囧）兰考工厂、欧派家居、梦天木门、尚品本色、现代筑美、千川、志邦、金牌、大自然、新艺雅集、日门等企业走在自动化制造的前沿，为推广采用国产自动化木门生产装备奠定了坚实的市场基础。

我国木门加工机械市场竞争力优势主要表现在：

①欧洲自动化机械是在市场高度标准化和需求相对单一化的基础上发展起来的，在标准门的批量生产方面优势明显。但对于我国木门的多样性定制需求，其品种优势和技术优势难以展现，国产的木门自动化制造机械在柔性加工、大规模定制生产方面表现优异。此外，国内木门生产企业及木门装备制造企业，在行业协会和各地政府的指导下，紧密依托国家科研机构的技术支撑，通过默契配合，把准市场需求，技术推广快捷。欧洲设备供应商远在大洋彼岸，对我国木门品种与工艺的多样性和特殊定制要求把握不准，往往难以对市场变化作出快速反应，而屡失商机。

②国内木门生产工艺流程及机械技术性能也日趋完善。大型高速的开料和贴面设备目前还依赖进口；一般开料、封边、砂光和涂装类的国产设备，与国外设备的差距已不明显；门扇和门套切削加工类及五金加工国产设备，反有后来居上之势。工段全自动生产线方面，国产设备已经显示出明显的优势，国产设备的投资回报率明显高出一等。目前，这类设备出口量逐年提高，提升了国产木门自动化装备产业的整体影响力。

③木门自动化机械工艺性较强，市场进入门槛相对较高，国内早期进入木门机械市场的一批木工机械制造企业技术起点相对较高，具有一定的研发和制造能力，尤其是对我国木门品种与工艺多样性和特殊定制需求能够进行准确把握，在快速适应市场变化方面具有较强的竞争优势。

5. 木门加工装备产业发展存在的问题

木门机械产业作为木门产业的支撑产业，对于推动木门产业技术创新和转型升级发挥着重要的作用，但我国木门加工机械产业自身发展仍存在一些问题，如市场关注度不够、研发力量不足、技术标准不够完善等，在一定程度上影响了木门加工机械产业的提升，也对木门制造企业选用自动化制造机械产生了制约。

（1）市场的关注度不够

我国木门产业是从家具产业中细分出来的，但相对于万亿级的家具产业来说体量较小，加上木工通用机械可以用于制造木门，而木门专用机械基本不能用于制造其他木制品，所以木门专用加工机械的市场份额相对较小，引起的市场关注度还不够。此外，无论在国民经济还是地方经济中，木门机械整体规模占比小，对下游产业升级的拉动作用难以得到政府的重视，木门自动化机械的研究、推广、应用缺乏产业政策的扶持。

（2）研发力量不足

我国木门产业具有终端需求多样、生产工艺多样、产能要求多样的显著特征，不同企业对木门专用机械的柔性和适用性的要求不一而足，"一招鲜吃遍天"在木门专用机械市场不现实，需要机械制造企业具有较强的研发能力，而这正是木门机械制造产业的"短板"。同时，由于机制等原因，以企业为创新主体的产学研合作难以形成，木门专用机械的研发举步维艰，制约了自动化制造的进程。

（3）整体智能制造水平不高

目前，我国木门制造业已经无法再享受过去廉价劳动力的红利，木门产业转型升级实施智能制造已是大势所趋，但我国木门加工机械的整体智能制造水平还有待进一步提升，现有关键单机设备和生产线适应力不足、生产过程中数字化和信息化程度不高以及生产管理过程中数据信息集成与融合水平低。

二、木门企业自动化专用装备选用情况分析

1. 影响木门自动化加工装备需求变化的主要因素

（1）木门企业对于自动化生产的认识

据调研，木门企业对于自动化生产比较集中的看法如下：

①采用自动化专业化设备进行木门制造是木门产业发展的必然趋势，但同时也受制于订单数量以及工厂条件，企业自动化程度需要结合自身发展现状，不能一概而论。

②提高自动化设备投入程度，可以减少体力劳动量，让工人更多地从事体面工作，能够提升企业核心竞争力。

③目前，国产专用木门加工机械品种还有待进一步完善，通用木工机械往往不能达到企业的生产标准（如异形表面砂光机、线条砂光机打磨不到位，有效打磨面积只有60%左右，余下部分仍需依靠人工作业），虽然出现了喷射砂光机等产品，但效果仍不能完全满足生产工艺需求。

④进口设备的兼容性和开放度不高，维修不方便，配件供应周期长、费用高，而国产机械更能适应国产木门工艺及生产的要求，随着国产机械制造水平的提升，木门制造企业更倾向于选择国产装备。

（2）木门企业使用各种装备占比情况

在受调研木门企业使用的装备中，国产装备中通用装备占41.3%，专用装备占30.4%，自动化装备占40.1%；进口机械中通用装备占21.4%，专用装备占28.2%，自动化装备占32.5%，如图5-7所示。

通过以上两组数据可以判断：国产木门生产装备仍以自动化和通用木工装备为主，专用木门生产装备相对占比不高；进口木

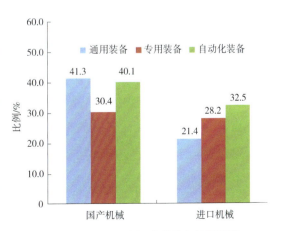

图5-7　受调研木门企业装备使用情况

门生产装备中的专用装备占比高于通用木工装备；进口木门生产机械中的自动化装备占比和专用装备占比均低于国产机械中的相应占比。这不仅与进口机械价格高、维修费用高有关，也与进口自动化装备主要针对国外标准化生产为主、不完全符合国内定制化木门生产实际要求有关，即通常所说的"水土不服"问题。总体而言，国产木门生产装备占比要高于进口木门生产占比，我国木门生产机械以国产装备为主。

（3）木门企业选用自动化装备的原因分析

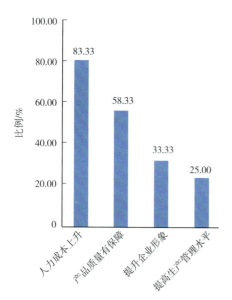

图 5-8　选用自动化装备的主要原因

①受调研木门企业选用自动化装备的主要原因

受调研企业中，认为因人力成本上升而选用自动化装备的占 83.33%，认为因产品质量有保障而选用自动化装备的占 58.33%，认为因可以提升企业形象而选用自动化装备的占 33.33%，认为因工人难管理而选用自动化装备的占 25%，如图 5-8 所示。基于以上数据，木门企业选用自动化装备的主要原因可以归纳如下：

a. 提高生产效率，降低人力成本

自动化装备生产效率高，能够连续工作，可以在单位时间内制造更多的木门，缩短了木门的制造周期，使企业实现快速交货，提高了企业的市场竞争力；自动化装备的使用，有助于实现木门的批量生产，从而大幅降低制造成本。人工成本的不断提高，促使木门企业"机器换人"，减少了木门生产线中工人的数量；自动化机械的使用，使人力转而从事更加有技术含量的工作，从而为企业创造更高的经济价值。

b. 提高加工精度，保障产品质量

自动化装备上采用了各种高精度的导向、定位、进给、调整、检测、视觉系统或部件，可以保证木门的加工精度和装配精度，减少人工操作带来的失误，提高木门的合格率，有效提高产品质量。

c. 提升企业形象，提高竞争实力

企业形象是企业精神文化的一种外在表现形式，是社会公众与企业接触交往过程中所感受到的总体印象。企业的自动化水平能够在一定程度上反映出该企业的综合实力，采用自动化机械能够赢得客户的信任，提高企业的竞争力。

d. 创造和谐氛围，提高管理水平

选用自动化装备能够将人从繁重的体力劳动、部分脑力劳动以及恶劣的工作环境中解放出来，减少了木门加工过程中产生的噪声、粉尘等对人和环境的影响，有利于提高企业清洁生产和环境建设水平，有利于创造人与人、人与自然的和谐氛围，有利于提升企业整体管理水平。

②木门企业选用进口装备和国产装备的主要原因

由图 5-9 可知，技术水平相对较高是进口木门生产装备最突出的优势，而设备兼容性不高、售后服务不便利是进口木门生产装备最明显的短板。性价比高是国产木门生产装备最突出的优势，而售后服务便利性方面国产木门生产装备明显好于进口装备。

（4）阻碍自动化装备推广的主要因素

自动化生产关系到木门制造企业的竞争力和发展方向，但整体而言，我国自动化木门加工装备的应用程度还不高。针对影响我国木门自动化装备推广应用因素，调研数据显示，缺少合适的专用自动化装备、智能化程度不能满足生产线要求是阻碍自动化装备推广的主要因素，如图 5-10 所示。归纳分析如下：

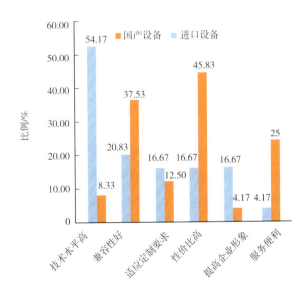

图 5-9　木门企业选用进口装备和
国产装备的主要原因比较

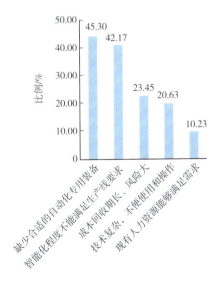

图 5-10　影响自动化装备推广的主要因素

①缺少合适的自动化专用装备

以定制化制造为主是我国木门生产的最大特点，虽然近些年我国木门生产专用装备的研究开发取得了一些成果，也出现了一些以木门专用装备为主要业务的装备制造企业，但多数企业还是在现有产品的固定品类上相互模仿，而木门制造涉及工序较多，在层压式门扇组框、拼装式门扇组装以及异形表面门扇砂光等环节还未开发出适合大规模定制化生产且性价比较高的自动化专用装备。而进口木门装备价格普遍较高，交货周期长，售后维修不方便。因此，木门生产企业认为目前市面上缺少合适的自动化装备以供选用。

②智能化程度不能满足生产线要求

由于木门加工工艺复杂，生产中涉及的木门门扇和门套部件较多，大部分企业现有设备生产节拍不匹配，工人、机器设备和物料所需的空间并没有进行有效的分配和组合，生产线规划和工艺流程管理不规范，缺乏方便高效的智能物流转运装备，如自动导引运输车、有轨制导车辆和堆垛分拣机器人等，生产线上的物料转运还未实现无缝衔接，造成生产线效率低、木门交货周期较长。此外，由于木门加工工艺复杂，各单机设备控制系统总线协议复杂，设备组网困难，设备信息处于孤岛状态，各设备间的信息集成和数据融合也较困难。

③企业购置自动化机械资金不足

我国木门制造企业有8000家左右，但规模以上企业约3000家，多数中小型木门制造企业没有充足的资金购置自动化机械。另一方面，自动化机械生产效率高，适合具备一定生产规模的企业，产量越大的木门企业组建自动化生产线的经济价值越高。因此，企业平均规模小也是制约木门生产自动化装备推广的因素之一。

④缺乏具有一定技术水平的操作人员

自动化装备将人从重体力劳动、部分脑力劳动以及恶劣的工作环境中解放出来，但是自动化装备包含了信息技术、计算机技术、自动控制技术等大量先进的技术，对工人的技术水平有了更高的要求。缺乏有一定技术水平的操作人员在一定程度上制约了木门自动化装备的推广。

⑤人力成本上升倒逼机制不强

近年来，我国劳动力成本进入上升通道，新生劳动力诉求发生逆转，使用劳动力的机会成本加大。这本来是自动化制造难得的历史机遇，但是我国在劳动者权益维护和劳动执法方面，不同地区、不同规模的企业所承受的压力大相径庭，木门产业的产业集中度又很低，不规范的用工使得木门自动化制造的经济拐点总体后延。

2. 需要开发或改进完善的木门加工专用装备

调研过程中，木门企业结合自身企业情况，就它们认为最需要开发或改进完善的木门装备提出了建议。从产品特点的角度讲，认为最需要开发或改进完善拼装式木门专用加工装备的占 50.2%，认为最需要开发或改进完善层压式木门加工装备的占 29.17%。从工艺特征角度讲，认为最需要开发或改进完善砂光设备的占 41.67%，认为最需要开发或改进完善涂装设备的占 37.5%，认为最需要开发或改进完善钉框装备的占 25%，认为最需要开发或改进完善包装装备的占 20.83%，认为最需要开发或改进完善输送装备的占 16.67%，认为最需要开发或改进完善切削机械的占 8.33%，认为最需要开发或改进完善堆垛机械的占 4.17%，如图 5-11 所示。

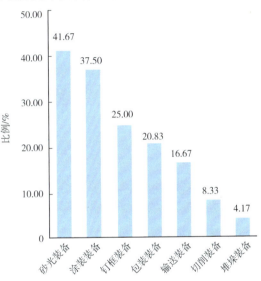

图 5-11　需要开发或改进完善的木门加工专用装备

综上所述，从按产品特点角度讲，最需要开发或改进完善的首先是拼装式木门加工装备，其次是层压式木门加工装备。从工艺特征角度讲，最需要开发或改进完善的是砂光设备和涂装设备，其次是钉框设备和包装设备。

3. 受调研木门企业计划增加各种装备占比情况

在受调研木门企业中，计划增加国产通用装备的平均占比为 28.33%，计划增加国产专用装备的平均占比为 33.75%，计划增加国产自动化装备的平均占比为 40%；计划增加进口通用装备的平均占比为 18.75%，计划增加进口专用装备的平均占比为 23.33%，计划增加进口自动化装备的平均占比为 32.08%，如图 5-12 所示。数据表明：①无论是国产装备还是进口机械，木门企业计划增加比例最高的首先是自动化装备，其次是专用装备，最后才是通用装备；②无论是自动化装备、专用装备还是通用装备，木门企业计划增加的国产装备的平均比例要高于进口机械平均比例。这在一定程度上反映了木门生产企业对国产木门机械的信心在持续增强。

图 5-12　受调研木门企业计划拟增加各种装备占比情况

三、木门专用加工装备发展趋势分析

《中国制造 2025》战略任务中明确指出，全面推进轻工业等传统制造业绿色改造升级，积极推行集约化，提高制造业资源利用效率。家居制造行业是轻工业转型升级的新增长点。木门作为家居木制品中结构和工艺较为复杂的产品之一，其加工装备水平的高低也代表着一个国家居装备制造业的发展水平。近年来，我国木门产品个性化需求突出，木门产品更新频率速度加快，对高效率、高精度加工手段的需求也在不断升级，用户的个性化要求日趋强烈，专业化、专用化、高科技的数控木门加工中心、机器人搬运和制造连线越来越得到用户的青睐。木门专用加工装备的发展呈现出以下几个方面的趋势：

1. 高速度和高精度

木门品种较多，各自的生产工艺和流程大相径庭，每一种产品的生产涉及十几道环节，生产周期长，加之人工成本的上涨，因此其对设备及生产线的加工速度要求越来越高。一方面木门生产对单机的加工速度有要求，主要包括切削速度、进给速度、压合速度以及涂装速度等；另一方面对工序之间的工件传输速度也提出了更高要求，要求设备和生产线布置要更合理，物料路径和动作逐步优化。早期的木门自动化单机投资实现了通用设备向自动化专用设备的转型，解决了效率提高、质量提升、劳动强度降低、对劳动者的技能依赖减少等问题，但并未形成自动化流水线，没有把机器自动加工与物料自动上下、流转等辅助工作结合起来。少下线、少堆垛，才能把人工操作、搬运等诸多环节的劳动力省下来。

近年来，木门加工装备间协同作业水平有了大幅提高，门扇自动化生产线在加工速度方面取得突破，单机设备中的木门四边锯、双面同步雕刻机、装配孔槽组合加工机床等，实现了木门"多边锯切、自动封边、钻孔开槽、双面雕刻"等多工序柔性自动化加工。四边锯切时间由过去的 130s 降低至 35s，双面雕刻时间减少 60% 以上，装配孔槽加工时间由过去的 200s 减少至 40s。整线生产效率由 2015 年的最大班产可实现 300 樘门扇，提高到目前最大班产可实现 600 樘门扇的柔性加工，不仅极大地提高了生产效率，还收获了节省场地、缩短生产周期、简化现场管理等效果，推动了整个产业的自动化由单机模式向流水生产线模式迅速发展。如图 5-13 所示为班产 600 樘门扇柔性生产线的加工工艺流程和设备布置。

在木门加工效率提高的同时，木门专用加工装备的加工精度也得到了极大的改善，关键设备门扇四边锯和五金件铰链锁孔槽组合加工机的精度误差可控制在 ±0.2mm 以内，而采用了模块化"长宽定位、随动压紧、同步雕刻、排出废料"设计机构的门扇正反面表面雕刻机的正反面雕刻图案重叠率可达 95% 以上。

2. 多品类和多功能

木门种类较多，结构和工艺复杂，随着我国整体装备技术的不断进步，木门专用制造装备产品品类将不断增多，我国自动化连线装备已陆续开发出多品类的木门及相关部件加工装备，先后开发出木门横梃自动加工生产线（图 5-14）和拼装门自动化组装设备（图 5-15）。产品覆盖的工序和部件范围也由木工工段往两端持续延伸，由门扇向门框部件延伸。如：门扇自动化生产线的前端已经延伸至面板与芯板的自动上料、涂胶、组胚、压合等工序，后端已经延伸至检验、修饰、包装等人工在线作业，国内最长的门扇生产线长度达 216m，在线主辅助设备达 117 台；门框自动化加工生产线的前端已经延伸至主副

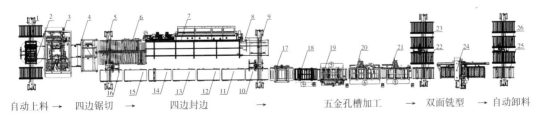

自动上料 → 四边锯切 → 四边封边 → 五金孔槽加工 → 双面铣型 → 自动卸料

1、5、9、23、26—龙门机器人；2—进料台；3—数控门扇四边锯；4—缓存库；
6—进料台；7—直线封边机；8—出料台；10~16—单向输送台；17—缓存库；
18—进料台；19~21—数控锁铰孔槽加工机；22—进料台；24—双面加工中心；
25—单向输送台。

图 5-13　班产 600 樘门扇生产线的加工工艺流程和设备布置图

图 5-14　木门横梃自动加工生产线

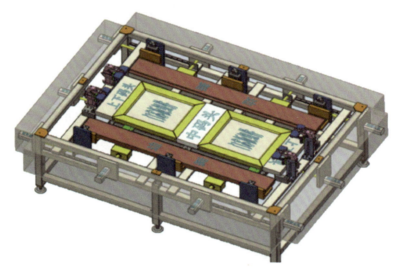

图 5-15　拼装门自动化组装装备

图 5-16　木门门框生产线

套或门档自动配料、涂胶、组合、压合、打钉等工序，后端已经延伸至自动除尘、安装密封条等工序，自动化控制水平也有明显提升，如图 5-16 所示。

此外，数控木门加工中心、制造连线和上下料输送搬运等功能复合化也将是木门装备及生产线发展的重要方向，其核心是在一台设备上和一条生产线上完成多种操作工序和木门的成品制造、产品转运、在线检测等自动化和信息化的结合，开发出具有在线检测功能的木门铰链锁孔槽组合加工机、具有视觉识别功能的表面贴覆装备，从而提高加工效率和产品加工精度，减少用工，降低员工工作强度。

3. 数字化和智能化

我国木门制造企业多以中小企业为主，装备多以自动化/半自动化设备为主，急需进行生产线及设备智能升级改造。可以预见，未来 5 年我国木门加工装备将迈入智能化和数字化时代。在这一阶段，需要以智能可控、质量可视为指导思想，以木门产业相关标准、布局模式、生产工艺为基础，围绕木门传统装备生产模式进行智能制造新模式创新，其路径如图 5-17 所示。

一方面，利用先进的工业互联网、物联网、云计算与制造管理平台技术，研发砂光、装配、在线检测等关键工艺环节的核心装备，通过对木门的定制化、自动化、信息化与智能化改造，应用自动导向车（AGV）、有轨制导车（RGV）和堆垛分拣机器人等智能物流转运装备（图 5-18）和智能立体仓库（图 5-19），实现了生产线各环节物料转运的无缝连接，提高了生产线效率。

另一方面，以优化生产线为手段，以集成化信息系统管理为方法，实现一整套服务于企业产品生产、资源调度、服务管理等功能的关键信息化系统。在此之上搭建用于工业

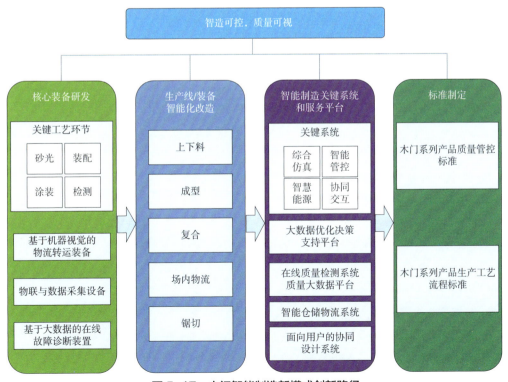

图 5-17　木门智能制造新模式创新路径

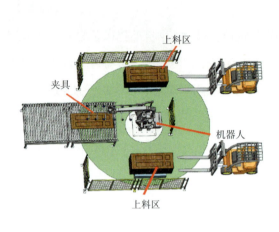

图 5-18　上下料搬运机器人　　　　图 5-19　冷压养生立体库管理系统

大数据分析的综合决策支持平台与协同设计交互平台，通过车间工业互联网的互联互通网络架构与装备智能化建设，提高研发设计效率，实现生产制造过程现场数据实时采集与传输，并且实现现场数据与生产管理软件信息实时集成，最后对过程中产生的知识进行归纳，实现产品设计、工艺规程等方面的标准化，为企业进一步的智能化数据集成和产品快速研发、订单快速响应提供基础。

第 6 章
中国木门质量与标准

  截至 2022 年 6 月底，我国已经颁布或报批的木门相关标准（国家标准、行业标准和团体标准）有 27 项，包括产品标准、安装标准、原辅材料标准、环保标准。此外，配套的还有相关的建筑门洞口标准、检测标准等。这基本形成了木门标准的系列化，涵盖了木门材料选用、产品质量检测、绿色环保生产、安装、验收及产品认证等重要环节，促进了木门产品质量的不断提升，也对木门产业的健康发展起到了积极的指导与规范作用。根据国家市场监督管理总局网站公布的数据，近 5 年来，各地质检机构对木质门产品共组织了 14 次 371 批次的产品质量抽查，产品质量合格率为 89.5%。

一、中国木门产品现行标准

目前，我国木门产品相关标准齐全，对产业发展起到积极作用。截至目前，我国已经颁布或报批的木门相关标准（国家标准、行业标准和团体标准）有 27 项，包括产品标准、安装标准、原辅材料标准、环保标准。其中，国家标准 3 项，行业标准共 19 项（包括林业行业标准 7 项，建筑工业行业标准 4 项，建材行业标准 1 项，物资管理行业标准 3 项，商业行业标准 3 项，环境保护行业标准 1 项），团体标准 5 项，具体如表 6-1 所示。此外，配套的还有相关的建筑门洞口标准、检测标准等。这基本形成了木门标准的系列化，涵盖了木门材料选用、产品质量检测、绿色环保生产、安装、验收及产品认证等重要环节，促进了木门产品质量的不断提升，也对木门产业的健康发展起到了积极的指导与规范作用。但也存在标准归口单位多、标准交叉重复、标准内容重叠、不同标准之间技术内容矛盾等问题。

表 6-1　我国木门相关标准

序号	标准名称	标准号
1	木门窗	GB/T 29498—2013
2	室内木质门	LY/T 1923—2020
3	木质门	WB/T 1024—2006
4	木夹板门	LY/T 2877—2017
5	木镶板门	LY/T 2878—2017
6	室内木质隔声门	LY/T 3134—2019
7	木质移门	LY/T 3132—2019
8	实木门窗	JC/T 2081—2011
9	木复合门	JG/T 303—2011
10	集成材木门窗	JG/T 464—2014
11	免漆饰面门	JG/T 419—2014
12	建筑用 T 型门	JG/T 457—2014
13	木门窗用木材及人造板规范	GB/T 34742—2017
14	木门分类和通用技术要求	GB/T 35379—2017
15	室内木质门用纤维板	LY/T 2386—2014
16	室内木质门安装与验收规范	LY/T 2387—2014

序号	标准名称	标准号
17	木质门安装规范	SB/T 10725—2012
18	木质门安装规范	WB/T 1047—2012
19	木质门修理、更换和退货规范	SB/T 10726—2012
20	木质门修理、更换和退货规范	WB/T 1048—2012
21	木门企业等级划分规范	SB/T 10844—2012
22	环境标志产品技术要求 木质门和钢门	HJ 459—2009
23	绿色产品评价——木质门	T/CNFPIA 3001—2018
24	绿色建材评价 建筑门窗及配件	T/CECS 10026—2019
25	水性漆室内木质门	T/CNFPIA 3006—2019
26	无漆木质门	T/CNFPIA 3022—2022
27	抗菌木门	T/CIAA 010—2021

目前，房地产商对门业企业执行的主要标准有《木质门》（WB/T 1024—2006）和《室内木质门》（LY/T 1923—2010），而这两个标准均已执行 10 年以上，随着产品与工艺技术的进步，这两个标准已不再适合最新的质量要求。如在《木质门》（WB/T 1024—2006）中存在指标过时、关键检测项目缺失的问题：该标准并未对木门中经常出现的表面胶合强度、浸渍剥离、表面抗冲击以及漆膜附着力等关键性指标作出了相应规定，且对木质门的组装精度要求存在错误。而《室内木质门》（LY/T 1923—2010）中也存在表面抗冲击未规定具体高度和浸渍剥离性能要求过严等问题。目前，《室内木质门》（LY/T 1923—2020）已经修订至最新版本，并已于 2021 年 6 月 1 日开始实施。

二、中国木门产品质量现状

近年来，随着房地产业的飞速发展，居民生活水平的提高，以及消费者对木门产品认知度的提升，我国木门产业快速发展。以木质复合门、实木复合门为主的木门产品在家居建材市场中的份额占比最高，占到 90% 以上，而且木门的生产工艺、技术、装备水平越来越成熟，产品质量水平也得到了较大提升，主流企业在工艺、技术、装备等方面均可达到国际一流水平。

由于木门是终端消费品，木门质量与人们的日常生活息息相关。政府有关部门、行业协会和消费者都十分关注木门产品质量，根据国家市场监督管理总局网站公布的数据，近

表 6-2　我国地方质检机构木质门产品质量抽查结果

序号	抽查时间	抽查机构	抽查批次／批	不合格批次／批	不合格项
1	2020 年 2 月	上海市市场监督管理局	30	5	甲醛释放量、材质
2	2019 年 11 月	广东省市场监督管理局	80	13	含水率、漆膜附着力、饰面耐划痕性、可溶性重金属含量
3	2019 年 3 月	上海市质量技术监督局	30	2	材质
4	2018 年 11 月	陕西省质量技术监督局	30	1	浸渍剥离
5	2018 年 7 月	辽宁省质量技术监督局	25	2	浸渍剥离
6	2017 年 11 月	江西省质量技术监督局	10	0	
7	2017 年 1 月	山东省临沂市质量技术监督局	10	0	
8	2017 年 8 月	辽宁省质量技术监督局	25	1	浸渍剥离
9	2017 年 8 月	山东省青岛市质量技术监督局	10	1	缺皮
10	2017 年 7 月	陕西省质量技术监督局	30	2	甲醛释放量、浸渍剥离
11	2017 年 5 月	上海市质量技术监督局	30	6	甲醛释放量、材质
12	2017 年 3 月	宁夏回族自治区质量技术监督局	9	2	甲醛释放量
13	2016 年 11 月	陕西省质量技术监督局	27	3	浸渍剥离、表面抗冲击、甲醛释放量
14	2016 年 1 月	辽宁省质量技术监督局	25	1	浸渍剥离

数据来源： 国家市场监督管理总局网站。

5 年来，各地质检机构对木质门产品共组织了 14 次 371 批次的产品质量抽查，抽查结果见表 6-2，以该样本为依据产品质量平均合格率为 89.5%。

鉴于木门产品在使用方面的特殊性，木门质量涉及 3 个要素：一是木门产品本身的质量；二是安装质量；三是售后服务质量。因此，企业必须兼顾这三方面要素，才能让消费者获得满意的产品，具体要求如下：

①产品质量。产品质量是基础，合格的原辅材料通过先进的生产工艺技术和管理才能生产出合格的产品。产品质量必须达到国家及行业的相关标准要求，才可以进入市场。

②安装质量。安装质量保证使用效果，木门产品进入消费者家庭后，可能会由于安装不当引起一些质量问题，因此安装质量对产品使用效果和耐久性均有影响，必须进行科学铺装和正确使用。目前，我国现有标准《室内木质门安装与验收规范》（LY/T 2387—2014）和《木质门安装规范》（SB/T 10725—2012），为木质门规范安装提供了指导性依据，为保证产品质量打下了坚实基础，对木门产业发展起到了重要作用。

③服务质量。木门是家庭装修中的重要组成部分，但是消费者对木门产品还存在比较多的消费误区，企业应加强售前、售中和售后的服务，引导消费者科学消费，在服务内容、服务方式和服务效率方面建立系统完善的服务体系。在服务质量方面，由于木门的主要材料是木质材料，其中实木门是以天然木材为原料制造的产品，具有各向异性；而木质复合门和实木复合门也是多种材料的综合体，在不同的使用环境中以及使用环境温湿度变化的情况下，部分产品在使用过程中有可能出现瑕疵，影响使用效果，因此售后服务部分就显得尤为重要，通过好的售后服务可以及时解决消费者的后顾之忧。企业需要建立完善的服务体系，为消费者放心使用木门产品提供保障。

因木质门大多为定制产品，所以在国家市场监督管理总局每年定期组织的产品质量国家监督抽查名录和产品质量行业监督抽查名录中均未有木质门，但是各地质检机构会组织针对木质门的产品质量抽查。根据国家市场监督管理总局网站公布的数据，近 5 年来，各地质检机构对木质门产品共组织了 14 次 371 批次的产品质量抽查，具体数据见表 6-2。不合格项主要集中在含水率、甲醛释放量、浸渍剥离、材质、饰面耐划痕、表面抗冲击性、可溶性重金属含量、漆膜附着力等项目。其中，含水率、甲醛释放量、浸渍剥离、材质占总不合格项目的 82%，如图 6-1 所示。

含水率项目是指木质材料中所含水分重量与绝干后木材质量的百分比。其对于木质门的各项性能影响较大，尤其对于纯实木门。木材干缩湿胀的特性使得含水率过高或过低会导致产品变形、翘曲甚至开裂，且木质门的销售使用区域分布较广，因此纯实木门的含水率更应该符合使用城市对木材平衡含水率的要求，要求实木门含水率为 8%~（产品使用地区年平均木材平衡含水率加 1%），而其他类型木质门含水率要求为 6%~14%。造成含水率不合格项出现的原因：一是企业对于木材干燥基准设置不当，二是没有考虑按目标销售地控制产品含水率。

甲醛释放量项不合格主要发生在木质复合门和实木复合门产品中。这两种木门主要是由多种木质材料复合而成，使用的材料种类较多，易造成对基材质量控制不严。而木门框架和面板基材在生产中多使

图 6-1　木门质量不合格项占比

用脲醛树脂等甲醛系胶黏剂压制成，这种胶黏剂中或多或少会残留反应不完全的游离甲醛，在使用过程中向外界不断散发甲醛气体，过高的甲醛释放量可能导致室内空气污染，影响使用者的身体健康。甲醛释放量不合格主要原因：一是木门用基材、饰面用浸渍胶膜纸使用的胶黏剂配方不合理；二是制造木门用基材、浸渍胶膜纸的生产工艺不合理。此外，还存在部分企业质检人员对相关标准和甲醛测试方法掌握程度不熟练、企业对原材料检测条件不成熟等问题，均会造成成品木门出现甲醛释放量超标现象。目前，测定人造板甲醛释放量的方法主要有：$1m^3$气候箱法、气体分析法、干燥器法和穿孔萃取法。按照《室内装修材料 人造板及其制品甲醛释放量》（GB 18580—2017）和《室内木质门》（LY/T 1923—2020），甲醛释放量的检测按照$1m^3$气候箱法的规定进行，木质门生产企业可以采用气体分析法、干燥器法或穿孔萃取法进行生产控制，建立与$1m^3$气候箱法的相关性。

木质门的主体材料为木质材料，木门材质标注是企业向消费者传达产品原料的最直接的方式，如果木门材质与标注的内容不符，会误导消费者选购。标注不符的情况主要包括标注的贴面装饰单板用木材材质与实际不符，如将重组装饰单板作为天然装饰单板；标注的实木门用木材与实际木材不符，如将橡胶木制作的门称为"橡木门"，将其当成白橡或红橡等栎木材质制造的木门进行销售；等等。特别是饰面后的成品木质门所用木质原材料不易观测，易出现实际材质与标注信息不符导致的纠纷问题。这可能是由于企业缺乏木材树种识别的相关知识，并且对产品树种的标准不够重视。此外，还存在部分商家以较次树种冒充较好树种，故意误导消费者的现象。

浸渍剥离是测试胶层浸渍、干燥后剥离程度的指标。目前，实木复合门或木质复合门的木质骨架材料以单板层积材为主，胶黏剂以脲醛树脂为主，通过热压压贴而成，浸渍剥离性能较好；但木质骨架与面板间的胶合多采用水溶性胶黏剂（白乳胶）通过冷压进行压贴，浸渍剥离性能相对较差。考虑此胶层自身胶种的原因对整体浸渍剥离率结果的影响，新修订的《室内木质门》（LY/T 1923—2020）将单个试件所有胶层的浸渍剥离率放宽至小于等于50%。浸渍剥离率项不合格会导致木质门在使用过程中出现分层现象。造成该项不合格的原因：一是胶黏剂质量不过关；二是涂胶量不均匀；三是热压工艺不合理。

第 7 章
中国木门市场与消费
特征分析

　　木门的市场与国内外消费需求和消费能力息息相关。本章从国内市场需求和国外市场需求对近年来木门市场发展的主要要素、目标市场情况以及市场特征和销售渠道进行分析，并指出影响木门消费的主要因素：消费者作出购买决策时，主要考虑价格、产品环保性能、品牌知名度、产品耐用度等因素，受广告等因素影响较小。这反映出我国木门的消费者消费理念成熟、理性，更注重产品的性价比、环保水平，更愿意选择产品质量及售后服务有保障的品牌。

一、国内市场需求分析

目前，门可用木质材料、金属材料或其他材料制成。由于木质门满足了人们追求返璞归真、回归自然、美观大方、高档豪华、安全可靠的心理需求，尤其是木材具有隔热保暖、调湿保温、吸音隔声、花纹美丽、色泽优雅、强重比高、易于加工等独特的优点。因此，人们在室内装修时更加喜欢选用木质门。

木门的国内销售与国民消费需求和消费能力息息相关，在以下因素推动下国内消费者提升生活品质的诉求和消费能力持续增强，未来我国木门市场潜力巨大。

1. 推动木门市场发展的主要因素

（1）国民经济稳中加固，稳中向好

我国目前已经全面建成了小康社会，2020 年，在新冠严重冲击下，世界经济深度衰退、全球贸易和投资大幅下滑、国际环境不确定性显著加大。进入 2021 年，中国经济复苏势头较为强劲，多项经济数据也逐渐回暖。根据国家统计局发布的数据，2021 年我国国内生产总值（GDP）达到 114.4 万亿元，同比增长 8.1%，两年平均增长 5.1%，在全球主要经济体中名列前茅；经济规模突破 110 万亿元，达到 114.4 万亿元，稳居全球第二大经济体。在我国经济增长前景向好、国民收入水平不断提高之际，国内消费规模也在不断升级。根据国家统计局公布的 2021 年国家经济数据，社会消费品零售总额 44.1 万亿元，同比增长 12.5%，两年平均增速为 3.9%。其中，除汽车以外的消费品零售额为 397037 亿元，同比增长 12.9%；商品零售额为 190192 亿元，同比增长 20.6%。在未来几年（2022—2025 年）时间里，我国有望成为全球最大单一消费市场。此外，我国还有望超过美国，成为全球第一大消费品零售市场。

此外，国家"十四五"规划中对制造业提出了新要求，要求重视质量提升、品牌建设和绿色发展协同进步。2020 年的中央经济工作会议精神里，也提出要着力推动高质量发展。2020 年 5 月 14 日，中共中央政治局常委会会议首次提出"构建国内国际双循环相互促进的新发展格局"。2020 年两会期间，习近平总书记再次强调要"逐步形成以国内大循环为主体、国内国际双循环相互促进的新发展格局"。构建基于"双循环"的新发展格局是党中央在国内外环境发生显著变化的大背景下，推动我国开放型经济向更高层次发展的重大战略部署。双循环政策必然激活住房消费，从而带动木门家居等木制品产业快速发展。

（2）国家"双碳"战略目标

2020 年 9 月 22 日，习近平总书记在第七十五届联合国大会一般性辩论上向世界宣布了中国的碳达峰目标与碳中和愿景："中国将提高国家自主贡献力度，采取更加有力的政策和措施，二氧化碳排放力争于 2030 年前达到峰值，努力争取 2060 年前实现碳中和。"森林可以吸收大气中的二氧化碳，具有明显的"碳汇"效应，而木材和木制品的原材料来源于森林，可继续储存森林从大气中固定的碳。森林是陆地生态系统中最大的碳储库，根据相关理论计算，森林每生长 $1m^3$ 木材，可吸收大气中的约 850kg 二氧化碳，极大地提高了大气质量，并能减少温室气体，减缓热岛效应。因此，持续使用木材及木制品是发展碳捕获、碳储存的重要途径。此外，木质材料是一种"负碳"材料，其生产能耗约为 300kg 标准煤，是钢材的 1/5，水泥的 1/2；而生物质导热系数是混凝土的 1/10、钢材的 1/80。将木质材料加工成木门、衣柜、橱柜等家居产品，对减少二氧化碳的排放具有重要的意义，有助于我国碳中和目标的实现。

（3）乡村振兴战略

2021 年 2 月 21 日，《中共中央 国务院关于全面推进乡村振兴加快农业农村现代化的意见》即中央一号文件发布；2 月 25 日，国务院直属机构国家乡村振兴局正式挂牌（已于 2023 年 3 月 7 日挂至农业农村部下）；3 月，中共中央、国务院发布了《关于实现巩固拓展脱贫攻坚成果同乡村振兴有效衔接的意见》，提出重点工作；4 月 29 日，十三届全国人大常委会第二十八次会议表决通过《中华人民共和国乡村振兴促进法》。2022 年，政府工作报告也提出，全面实施乡村振兴战略，强化农村基本公共服务和公共基础设施建设，促进县域内城乡融合发展。乡村振兴和乡村建设离不开各类建材，相关的制品、设备和设施不仅品类繁多、需求量大，而且各具特色，需要适应农村特殊的地理环境、文化习俗、农业农村专用的使用条件等。

当前，全国建材家居市场布局仍保持"整体过剩、局部稀缺"的特点。近年来，渠道下沉进展明显，建材家居市场布局从一线城市逐步向三、四线城市转移。2021 年，全国规模以上建材家居市场面积约为 23342 万 m^2，同比增长率为 5.66%，增长率近 6 年正逐年递减，市场正逐渐由总量增长转变为结构性增长。疫情给全国建材家居行业带来巨大冲击，行业优胜劣汰、转型升级速度明显加快，市场竞争愈演愈烈。目前，一、二线城市家居建材市场的竞争格局已基本稳定，三、四线城市加速布局和竞争白热化，而农村市场、乡镇市场也开始成为各建材商争夺的焦点。我国现有 40000 余个乡镇、66000 余个村庄，以及占中国总人口近 70% 的县镇人口，乡镇市场的家居建材消费需求逐年上升，乡镇的家居市场前景广阔。

（4）国内推动住宅全装修政策

国家层面，推动全装修方面接连出台相关政策。2020 年，"绿色全装修创建行动"发布，鼓励全装修；《关于加快新型建筑工业化发展的若干意见》推进建筑全装修；《关于推进建筑垃圾减量化的指导意见》提到大力发展装配式建筑，实行全装修交付。地方层面，据不完全统计，2021 年全国共计 16 个省（自治区、直辖市）推出全装修政策。2016 年 10 月 1 日起，浙江省"鼓励在建住宅积极实施全装修"，今年主张"因城施策"，允许各市根据实际情况调整。国家统计局发布的 2021 年全国房地产开发投资及销售情况统计数据显示：2021 年，商品房销售面积 17.94 亿 m^2，比上年增长 1.9%，比 2019 年增长 4.6%，两年平均增长 2.3%。其中住宅销售面积增长 1.1%。商品房销售额 18.19 万亿元，增长 4.8%，其中住宅销售额增长 5.3%。因此，无论是精装新房、毛坯房还是二手房，对于木门企业来说，仍有广阔的市场空间和充足的发展机会。

（5）中国的"一带一路"倡议

中国的"一带一路"倡议，呈现全方位、多角度、多层次的开放态势，这对国内家居企业来说，是一条"走出去"的重要路径。"一带一路"沿线大约有 65 个国家，总人口约 44 亿，市场巨大；且"一带一路"上基本都是发展中国家，其在城市发展、基础建设方面的刚性需求比较大。在"一带一路"倡议推行后，沿途的贸易互通以及对于家居建材周边产品的需求，都会为我国的家居建材产业提速。从经济融合、文化包容等多方面来讲，对于中国建材家居企业而言，该机遇千载难逢。借助"一带一路"平台，可助力木门家居企业能够以更低的成本、更精准的服务在海外拓展市场，实现中国门业家居产业走出国门，打造优秀国际品牌。

2. 我国木门的主要目标市场情况

（1）商品房

自 2018 年我国建立房地产长效机制以来，各地、各部门着力稳地价、稳房价、稳预期，促进房地产市场平稳健康发展，取得明显成效。我国房地产市场发展态势朝更加健康平稳的方向发展，坚持"房住不炒"的房地产调控定位，在保持总量增长的基础上，我国城镇住宅建设长期持续增长，住宅建设质量不断提高。

图 7-1　2015—2021 年全国商品房销售面积

如图 7-1 所示，2021 年，商品房销售面积 179433 万 m²，比上年增长 1.9%。其中，住宅销售面积比上年增长 1.1%。商品房销售额 181930 亿元，增长 4.8%。其中，住宅销售额比上年增长 5.3%。若将 2021 年全国商品房销售面积数量作为样本，按每 90m² 住宅需要 4 套室内木质门计算，仅在新销售商品房方面，其对木门的年需求量为 7900 万樘以上。

（2）保障性住房

"十四五"期间，住宅建筑领域重点关注保障性住房建设，市场或将呈现供需两旺趋势。保障房作为除商品房外国家住房供给体系的重要组成部分，"十四五"期间出售类住房（如两限房）、出租类住房（如公共租赁房）和可租可售类住房将进一步充实保障住房供给体系，结合各大城市新市民流入刺激，保障房建设需求或将迎来发展机遇期。党的十八大以来，我国已累计建设各类保障性住房和棚改安置住房 8000 多万套，惠及 2 亿多人住房困难群体，有效改善了城镇户籍困难群众的住房条件。但随着城镇化进程加速，我国出现了庞大的租房群体，流动人口、毕业生租房需求上升。第七次人口普查数据显示，我国流动人口已达 3.76 亿，较第六次人口普查增长 69.73%。在北京、上海、广州、深圳，租房人口占常住人口比例已达 40% 以上。

从 2021 年 7 月开始，多地的调控政策开始向无房家庭倾斜，如：新建商品住宅需包含一定比例的保障性房源。而多地在"十四五"规划中也提到："有效增加保障性住房供给""扩大保障性租赁住房供给"。这意味着保障性住房在接下来的房地产市场发展中仍是重要的内容之一。根据《中共中央关于制定国民经济和社会发展第十四个五年规划和二〇三五年远景目标的建议》，将发展保障性租赁住房作为"十四五"住房建设的重点任务。党的十九届五中全会、2020 年中央经济工作会议和 2021 年中央政治局会议，均明确提出要扩大保障性租赁住房供给，解决大城市住房突出问题。2021 年 7 月 2 日，国务院办公厅印发《国务院办公厅关于加快发展保障性租赁住房的意见》，明确了保障性租赁住房基础制度和支持政策，将加快发展保障性租赁住房作为房地产市场调控的重要手段。在"十四五"期间，新增保障性租赁住房占新增住房供应总量的比例应力争达到 30%以上。据住房和城乡建设部提供的数据显示：2021—2022 年，全国共建设筹集 330 万套（间）保障性租赁住房；"十四五"时期，全国初步计划建设筹集保障性租赁住房 900 万套（间），预计完成投资 3 万亿元左右。目前，各地推动发展保障性租赁住房明显提速，广东计划"十四五"期间筹建保障性租赁住房 74.05 万套，上海市提出"十四五"期间建设筹集保障性租赁住房 40 万套，浙江省计划"十四五"期间筹建保障性租赁住房 21 万套。这将为木门提供大量的市场。

（3）存量房翻新及旧房改造

如图 7-2 所示为 2021 年我国 20 个重点城市统计小区数量为 15.39 万个，其中楼龄 20 年以上的老旧小区数量为 5.96 万个，老旧小区占比接近 40%。按 10~15 年一个装修周期计算，2005—2010 年销售的住宅目前正面临老房翻新的局面，而 2005—2010 年我国住宅销售套数年复合增长率高达 15.8%。房屋"老龄化"时代到来，存量房翻新及旧房改造将成为家装和家居消费的主流市场。木门等家居产品属于房地产的下游产品，与房地产行业景气度紧密相关。受上游房地产市场变化的影响，木门产业也逐渐从过去的增量市场竞争过渡到存量市场竞争。

图 7-2　2021 年我国 20 个重点城市老旧小区数量及占比

首先，我国的存量房市场日益庞大。据测算，截至 2020 年保守预计全国城镇有效存量商品住宅市场规模为 159.6 亿 m²，按每套 90m² 预计，对应套数为 17738 万套。假设 15 年翻新一次，每年翻新 10%，2020—2022 年每年翻新需求分别为 275 万、303 万、335 万套，分别占总需求的 31%、32%、32%。趋势上有效存量房翻新需求占总零售市场（排除精装房市场需求）的需求比例逐年提升，存量房扮演的角色越来越重要。此外，全国老旧小区改造也带来显著的需求增量。近年，国家政策号召老旧小区改造，2020 年 7 月 20 日，国务院办公厅发布《关于全面推进城镇老旧小区改造工作的指导意见》中提到，工作目标是"2020 年新开工改造城镇老旧小区 3.9 万个，涉及居民近 700 万户；到 2022 年，基本形成城镇老旧小区改造制度框架、政策体系和工作机制；到'十四五'期末，结合各地实际，力争基本完成 2000 年底前建成的需改造城镇老旧小区改造任务。"伴随房地产行业进入存量时代，家居存量房翻新需求及政策推动下的旧房改造将持续带来新的需求增量。

如图 7-3 所示，2021 年全国二手房成交金额约 7 万亿元，同比下降约 6%；成交套数约 393 万套，同比下降约 9%；成交面积约 3.6 亿 m²，同比下降约 9%。二手房交易规模出现近 5 年来的首次同比下降。但从总量上来看，二手房的交易面积占整个房地产数量的近 1/4，在一、二线城市所占比例更高。在房地产逐步迈入存量房时代，二手房交易的景气度已经成为决定像北京、上海、广州、深圳这种一线核心城市及二线发达省会城市的家居市场繁荣度的重要因素。以北京为例，2021 年北京二手房成交量为 19.31 万套，是最近

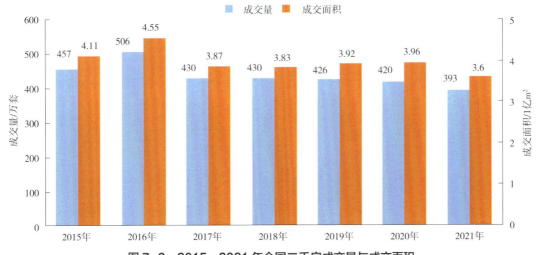

图 7-3 2015—2021 年全国二手房成交量与成交面积

5 年的最高点。其中新房成交量只有 5 万套左右，老房占 3/4。目前，一、二线城市家装公司装修业务量 70% 都来源于老房装修，存量市场的装修和家居消费迎来爆发期，必然带动包括木门在内的室内装饰装修产品销售量的增长。

（4）公共场所

目前，木门在住宅以外的公共场所市场占有率较低，主要集中在酒店、学校、医院、办公场所、体育馆等室内条件下使用。

二、国外市场需求分析

与国内木门市场主要以定制生产为主不同，国外木门产品可标准化、大批量生产。凭借我国木门制造在质量、价格以及生产能力等方面的相对优势，国内木门企业越来越多地接受国外订单，将产品出口国外。2021 年，我国木门出口排名前 6 的国家和地区分别是美国、中国香港、日本、英国、加拿大、罗马尼亚。从所占比例来看，排名前 4 位的国家和地区占出口总额的 58.4%，是我国木质门产品出口最主要的贸易伙伴。

1. 美国市场

如图 7-4 所示为 2017—2021 年我国木门出口美国情况变化。由图 7-4 可知，近 5 年来我国木门出口美国市场金额占出口总额的 20% 以上，2021 年相对于 2020 年增幅达 16.30%。总量上，住宅地产是美国最大单资产类别；增加值对国内生产总值贡献为 13%。根据美国联邦储备系统《金融稳定报告》，截至 2020 年美国住宅地产存量规模 39.3 万亿美元，占比 31%；截至 2021 年 11 月 21 日，美国房价在 4 周内快速攀升，较去年同期激

图 7-4　2017—2021 年我国木门出口美国情况变化

增 14%，创下 9 月初以来最大升幅。已签约待过户的成屋销售年增 8%，较 2019 年同期激增 51%。此外，在 2022 年夏天的购房热潮中，美国房价年涨幅数据创下 19.9% 的史上新高，远高于 2008 年国际金融危机前 14.1% 的涨幅。欧洲央行 11 月 17 日发布的半年度《金融稳定报告》也指出，新冠疫情期间，家庭储蓄增加以及居家办公风潮提升了房屋需求，欧元区房价增幅超过 7%，为自 2005 年以来最大幅度。

在全美不动产中介协会追踪的 183 个都会区中，超过 3/4 的地区房价在第三季度达到双位数增长，反映出美国楼市的火爆。具体来看，在 2021 年第三季度，该协会追踪的 183 个都会区中，共有 182 个地区的独户住宅价格中位数高于去年同期，价格几乎全面上涨。值得注意的是，78% 的地区房价中位数年增 10% 以上；而独户住宅房价中位数较去年上涨 16%，达 363700 美元，创自 1968 年有纪录以来新高。不过，美国房价涨幅仍逊于美国股市的飙升，标普 500 指数自 2022 年年初以来涨幅高达 23.71%。

由于房地产市场呈现较为乐观的前景，加上劳动力市场的改善，2020 年以来美国的购房人数呈现平稳上升的态势，美国房租价格也有一定程度的提高，租金的上涨趋势也促使更多人选择购房。房地产业的回暖趋势将拉动美国其他相关产业的复苏，尤其是建材、家具、装饰装修等行业。预计 2022 年美国建材需求量将有一定的增幅。

美国市场整体较大，消费能力强，人员流动性大，对木门等建筑装修材料需求相对较多。美国一直是我国木门产品出口的主要国家，2018 年我国木门产品出口美国的贸易额为 1.91 亿美元。2019 年 5 月 10 日，美国宣布对 2000 亿美元中国输美商品加征关税从 10% 上调至 25%。这 2000 亿美元的关税清单中，包括多种木制品和家居产品，数量比较大的是胶合板、地板、橱柜、衣柜、木质门等木制品，塑料、陶瓷、玻璃制品、皮革制品、羊毛纺织品、地毯等家居用品。此事件对于包括木门在内的中国家居行业产生了比较广泛的影响，2019 年和 2020 年我国木门产品出口美国的贸易额分别减少到 1.54 亿美元和 1.35 亿美元。但由于新冠暴发以来，欧美等发达国家新冠不退，拖累百业萧条，家装产业却意外繁荣。这主要由于各地封锁政策导致居民在家中的时间大大拉长，使房屋的功能不仅局限于居住，更扩展至工作、运动、休闲等方面，由此带来更多改善居家环境的需求。另外，在家时间更长造成家居装饰产品的更多磨损，也增加了维修和保养的需要。这不仅带动了当地的家装建材市场，也为包括中国在内的海外家居产业提供了新的商机。2021 年，我国出口到美国的木门出口额增加到 1.57 亿美元，与 2020 年相比增长了 16.3%。

2. 欧洲市场

如图 7-5 所示为 2017—2021 年我国木门出口欧洲情况变化。由图 7-5 可知，近 5 年来我国木门出口欧洲市场出口额占出口总额的 15% 以上，2021 年相对于 2020 年增幅达31.31%。

2021 年，我国木门出口欧洲市场主要集中在英国、罗马尼亚、爱尔兰、法国等国家，其市场主要受欧洲房地产市场影响较大。欧洲央行在 2021 年上半年度的《金融稳定报告》中指出，欧洲房价过高的现象不断加重，欧洲房屋建造的速度追不上需求，德国、法国、荷兰的住宅市场价格较高。德国央行副行长克劳迪娅·布赫于 2021 年 11 月 25 日表示，德国的房价、房贷等几乎所有指标都在不断走高，新冠对此并未产生多大影响。据德国央行团队估算，房价已偏离基本面 10%~30%。最新情况是，房价高估情况变得更加普遍，已蔓延至大都市以外地区，90% 的家庭都预测房价会持续走高。

以法国为例，据法国政府公布的数据，法国 2020 年房地产市场增长 8.8%。2020 年1—12 月，法国新房开工量为 10.7 万套，同比增长 36.5%。但根据法国媒体近期发布的数据，2020 年法国二手房成交量为 63 万套，大幅低于 2019 年 85 套的水平，降幅达 23.5%。经济环境不景气、民众购买力下降、房屋价格高都是二手房成交量下降的主要原因。综合来看，整个欧洲房地产市场仍处于不稳定的阶段。欧洲房地产市场的衰退直接导致我国木门在欧洲出口量较不稳定，2017—2021 年木门产品出口欧洲的贸易额分别为 1.07 亿美元、1.08 亿美元、1.11 亿美元、0.99 亿美元和 1.30 亿美元。

图 7-5　2017—2021 年我国木门出口欧洲情况变化

图 7-6 2017—2021 年我国木门出口日本情况变化

3.日本市场

如图 7-6 所示为 2017—2021 年我国木门出口日本情况变化。由图 7-6 可知，近 5 年来我国木门出口日本市场出口额占出口总额的 10% 以上，2021 年相对于 2020 年增幅为 4.76%。

日本是世界工业强国，也是世界消费大国，而且和我国具有相同的文化背景，距离较近，运费较低，出口潜力很大。一直以来，日本市场也是我国木门出口的主要市场之一。新冠同样影响了日本市场。日本 2020 年住宅新开工面积为 4875 万 m^2，同比减少 10.7%，土地供应量正在下降。新冠的冲击，对日本房地产市场成交量造成了一定影响，但由于日本政府批准的振兴日本经济计划以及奥运会的影响，其成交价格依旧坚挺，单价上涨 5.9%。但 2020 年全年日本 GDP 收缩 5.2%。尽管日本经济似乎正在修复的道路上，但经济冲击的影响持续。早在年初疫情冲击日本之前，日本经济已经开始收缩。自 2019 年，中国进口的减少、消费税的增加，也加剧了日本建筑企业经济状况的恶化。2019 年，我国出口日本市场的木门产品出口量持续下降，2020 年和 2021 年我国木门产品出口日本的贸易额分别为 0.84 亿美元和 0.88 亿美元，较 2019 年分别下降 20.00% 和 17.14%。

4.新兴木门需求国际市场

木门新兴市场包括东欧的保加利亚、阿尔巴尼亚，中东的卡塔尔、沙特阿拉伯，南亚的印度，东南亚的印度尼西亚、越南、泰国、柬埔寨和菲律宾等国家。近年来，新兴市场发展迅速，已成为中国木门出口的新增长点。如图 7-7 所示为 2017 年与 2021 年我国木门

图7-7　2017年与2021年我国木门出口新兴市场情况比较

出口新兴市场情况比较。由图7-7可知，与2017年相比，2021年我国木门出口印度尼西亚、越南、卡塔尔等国市场的增幅较大，增幅分别为604.17%、447.66%和423.95%。

在"一带一路"倡议的推动下，中国与"一带一路"共建国家的物流发展突飞猛进，为家居行业"走出去"和"引进来"提供了极大便利。在过去的5年中，中国和欧洲之间，跨越中亚广袤地区出现了一个包括40多条直通货运铁路线的交通网络，方便了"一带一路"共建国家的贸易往来。家居出口的海运成本较低，但从中国到欧洲的海运周期超过40天，甚至达到45天；而经过铁路运输只需要12~14天，就可以将产品从中国拉到欧洲的核心城市华沙，大大节省了时间成本。

非洲拥有9亿人口和超过3000万km²的区域。近年来，非洲经济进入了快速发展时期，进口商品需求旺盛。1999年，中非年贸易额还不到100亿美元。2019年，中非双边贸易额达2087亿美元。2020年，在全球新冠背景下，中非经贸合作历经挑战，依然展现出了强大的韧性，为恢复经济、保障民生提供了坚强的保障。据我国商务部统计，2020年中非双边贸易额1870亿美元，同比虽然下降，但我国仍连续12年保持非洲最大贸易伙伴国地位，中国产品出口非洲的强劲态势将一路高歌猛进。2021年，我国木门出口非洲的贸易额为0.29亿美元，较2020年增长26.09%，前3位的国家分别为尼日利亚、埃及和加纳。

对新兴市场来说，消费者的购买水平低于发达国家，我国出口新兴市场的木门产品仍以物美价廉的中低端产品为主。

三、中国木门市场主要特征

1. 市场利润空间缩小，中低端产品居多

木门的主要原材料为木材。近两年来，受新冠影响，全球部分产材国减少了原木砍伐工作，导致全球木材供应短缺；加之全球物流效率降低、集装箱周转不畅、美国住宅需求旺盛等因素，全球木材价格一路飙升。商务部数据显示，国际木材月均期货价格从 2020年 4 月的 309.33 美元 / 千板英尺 [①] 上涨到 2021 年 4 月的 1152.97 美元 / 千板英尺，增长比例达 272.73%。木材进口价格和物流运输成本的不断提高，对国内木材价格产生了一定的冲击；此外，国外木材的减供对国内木材供应也造成了影响，疫情过后我国企业陆续复工复产，下游行业对木材的需求持续上升，预期未来木材价格将会继续上涨。而且，除木质材料以外的胶黏剂和涂料等其他主要原辅材料、运输和人力等成本的逐年增长，让木门企业的压力越来越大，但由于担心流失客户企业却不敢轻易涨价，使得其市场利润空间持续缩小。一些大型企业由于尚有库存，可以暂时维持原材料供应。而许多库存缺乏的小木门厂面临着倒闭风险。

目前，就全国室内木质门市场的产品结构而言，中高端产品与中低端产品的比例约为3∶7，中高端产品主要以实木门、实木复合门为主，产品利润相对较高。中低端产品主要以聚氯乙烯薄膜、三聚氰胺浸渍胶膜纸等免漆饰面的木质复合门为主，产品档次和价格相对较低，产品利润率不高，其终端售价为 800~1500 元，且品牌众多、市场竞争激烈。

2. 市场竞争升级，品牌集中度提高

随着我国木门生产自动化、智能化装备的发展，生产线日趋成熟，木门生产能力迅速增强。这种产能的增强给企业带来的竞争压力会越来越大，加上近年来房地产调控政策的影响和国家环保政策，全球经济环境的变化以及通货膨胀、原材料危机、人力成本飙升等一系列不利因素也使得国内木门市场竞争更加激烈。特别是木门产业的技术门槛较低，产品更新换代慢，2020 年新冠的暴发更加重了产业转型的压力，加剧了中国木门产业的困境，众多中小木门企业关门停产，企业实力和规模效益优势凸显，市场空间很快被大型企业占据，市场需求倒逼木门产业由"小、散、乱"向品牌集中进化，使木门企业的品牌集中度愈来愈高。2021 年产业内排名前 10 企业的产值占比约为 8%。

[①] 1 千板英尺（MBF）≈ 2.36m³

3. 不同城市市场格局变化

近几年来，随着国家和地方对房地产的调控越来越严格，房地产销售额增速明显趋缓，作为房地产下游产业的木门产业也受到较大影响。特别是在北京、上海、广州、深圳等一线城市、省会城市及二线城市内，木门企业专卖店、卖场过多，产品供大于求，已趋于饱和状态。三、四线城市市场主要是县、镇、乡级市场，受国家经济政策影响，区域经济发展加快，居民生活水平得到较大提高，市场发展前景大，特别是随着国家政策不断向县、镇、农村市场的倾斜，三、四线城市市场仍属于增量市场。

据中国建筑材料流通协会发布的《2021 年全国 BHEI（中国城镇建材家居市场饱和度预警指数）数据报告》显示，当前全国建材家居市场布局仍保持"整体过剩、局部稀缺"的特点。近年来，渠道下沉进展明显，建材家居市场布局从一、二线城市逐步向三、四线城市转移。2021 年，全国规模以上建材家居市场面积约为 23342 万 m^2，同比增长率为5.66%，增长率近 6 年正逐年递减。新冠给全国建材家居行业带来巨大冲击，行业优胜劣汰、转型升级速度明显加快，市场竞争愈演愈烈。目前，一、二线城市家居建材市场的竞争格局已基本稳定，三、四线城市正加速布局和竞争白热化，而农村市场、乡镇市场也开始成为各建材商争夺的焦点。

4. 受房地产市场影响较大，工程类木门市场崛起

在过去的 20 年里，房地产行业为木门等家居行业带来了巨大的增量市场。然而，我国从 2016 年底开始对房地产进行严格调控，"房住不炒""因城施策""一城一策"等政策的推出，使房地产住宅销售额增速从 36.1% 降至 11.2%，新房市场的发展速度逐步放缓，房地产行业开始完成从"增量"向"存量"的转变。按照 10~15 年为一个翻新周期，则2005—2010 年所销售的住宅目前正面临老房翻新的局面，而 2005—2010 年我国住宅销售套数年复合增长率高达 15.8%，当年急剧发展的房地产为今天带来了迅速膨胀的存量房。

相关数据显示，2019 年我国装修需求分布中，有 33.6% 源于存量房的装修，较 2014年的 30.6% 提升了 3 个百分点。在存量房时代背景下，住房的居住属性进一步凸显，居住成为消费者真正的消费需求，与房地产紧密相关的家居行业，也正在悄然发生变化。虽然2020 年以来我国经历了新冠，但长期居家激发了消费者对具有第二居住属性和改善型房屋的购买动力。根据国家统计局数据，在 2020 年下半年楼市复苏后，购房需求得到释放，2020 年商品房销售面积和销售额均创下历史新高，商品房住宅在商品房整体销售额的占

比由 83% 上涨至 89%，商品房住宅销售额增长贡献率达 114%。受自 2016 年以来全国各地"全装修"政策以及新冠的影响，2020 年我国家居零售市场规模有所缩减，但以工程类为主的木门市场开始崛起，其规模已占整个木门市场的 30% 以上，特别是考虑到成本和产品质量等问题，以聚氯乙烯装饰膜、三聚氰胺浸渍胶膜纸等免漆饰面材料的木门产品成为各大房地产项目的首选，约占工程类木门总量的 70% 以上。但由于工程类订单均需要企业进行工程垫资，回款周期长，承包方需要承担的资金压力和风险均大，所以随着工程类木门市场崛起，现有的中小企业所面临的压力将更大。

5. 数字化营销迎来新时代，引起企业和消费者关注

2020 年开始的新冠对家居建材的零售产生了很大的影响，消费者和企业的注意力都开始向线上转移，无论是产业前端还是后端，产品服务还是消费决策的信息来源，都表现出线上化的趋势。越来越多的商家都开始在抖音、快手、淘宝、京东、腾讯等直播平台上进行线上销售，以寻求不同的增长方式。商务部数据显示：2021 年全国网上零售额达 13.1 万亿元，同比增长 14.1%，增速比上年高 3.2 个百分点。其中，实物商品网上零售额达 10.8 万亿元，首次突破 10 万亿元，同比增长 12.0%，2021 年电商直播用户规模为 4.64 亿元，市场规模达到 2.35 万亿元。天猫"双十一"数据统计："90 后"和"00 后"在"双十一"第一波预售期间贡献了 50% 的消费份额，"90 后"直播消费增长了 230%，"00 后"直播增长了 389%，TATA 木门于 2021 年"双十一"线上销售额创下 12.5 亿元。

根据《2021 抖音家居生态年度报告》显示：2021 年 1—9 月，抖音家居兴趣用户同比增长 10%，增长到 3.6 亿人。截至 2020 年 8 月，家居建材领域相关内容关注度日益提升，家居设计、房屋装修等相关话题播放量轻松过 10 亿，抖音家居视频已达数百亿规模，家居建材相关视频内容播放量过 270 亿（图 7-8）。75% 的兴趣用户会在线上资讯平台主动搜索家居相关信息；对于购买渠道的选择，有强烈家居产品需求的兴趣用户中，仅 35% 用户的购买链条还未"上线"，65% 的用户消费依赖于线上资讯平台，用户的线上消费习惯已经养成（图 7-9）。

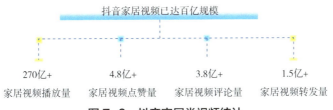

图 7-8 抖音家居类视频统计

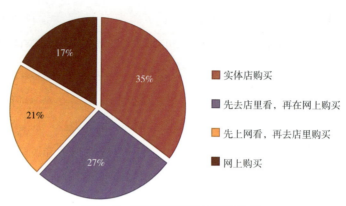

图7-9　家居消费者购买渠道偏好

数据来源：抖音家居兴趣用户调研（2021年5月）。

6. 企业面临洗牌升级，消费观念转变激发环保型、功能型、智能型产品增长机会

在木门家居企业面临产业洗牌升级的同时，消费观念的转变也带动了木门消费的升级。尤其是在"甲醛超标致癌""材料散发异味""隔声效果不佳"等话题连续多年出现在大众视线后，消费者对于环保型、功能型、智能型木门产品的关注点也持续上升，高端消费群体逐渐涌现。木门企业研发人员为木门赋予了特殊功能，以增加其附加值，拓宽消费市场。近年来，木门企业陆续开发出隔声木门、保温木门、阻燃木门、防盗木门、防潮木门、保健木门、可换气木门等多种具有特殊功能的木门。此外，随着物联网、人脸识别、语音识别等技术在门业（家居）产品中的应用，部分木门企业开始挖掘防火、防盗、自动报警、环境监测、实时通信等功能需求，积极推动智能门锁、智能摄像头、智能门铃、温湿度传感器、气体浓度传感器等智能化产品、配件、部件在木门中的应用，对提高企业核心竞争力起到了显著的作用。

7. 多方资本进入行业，全屋定制引导理性发展

随着木门专用加工装备发展和木门生产技术逐渐成熟，同时也因传统房地产企业盈利空间变小，传统地板企业、房地产公司、家具生产企业陆续进入木门产业，如碧桂园、东易日盛、圣象、大自然、世友、肯帝亚、富得利等。另外，还有大型家具生产企业投资建造了木门厂，如欧派家具、索菲亚、天坛、华日、志邦、金牌、新艺雅集等。这些资金雄厚的大型企业开设的木门厂通常起点都很高，选用先进的加工设备，生产规模都较大。多方资本的进入使得行业内的竞争更加激烈，同时也带动了除木门以外多品类产品的延伸，如墙板、衣柜、橱柜、地板等，使得"全屋定制"成为行业热词。虽然高度个性化的全屋定制有较高的产品附加值，但由于受到设计、生产与服务能力、消费者个性化定制需求等因素的影响，真正能实现居室全定制的企业很少。对消费者而言，他们更关心的仍是定制家居款式功能设计、建材选用、家具尺寸和质量问题，更偏重于寻求家居美观设计与实用性的平衡。而目前大部分提供全屋定制服务的企业，其产品服务还主要停留在材料体系的整合层面，全屋定制要求企业具有较高的产品设计、生产管理和产品服务能力，其要求的工艺更复杂、技术水平更高、容错率更低。因此，对于木门产业延伸全屋定制究竟是"昙花一现"还是"大势所趋"，正引发消费者和企业的理性追逐。

四、中国木门产业营销渠道分析

中国林产工业协会木门窗产业分会针对木门产业内 98 家主流企业开展关于营销渠道的调研，调研情况详见图 7-10。

调研结果显示，绝大多数木门企业选择多种营销渠道：受调研企业中 72.4% 的企业使用专卖店营销渠道，48.6% 的企业使用工程营销渠道，32.7% 的企业使用装修公司营销渠道，21.6% 的企业使用电子商务营销渠道，18.4% 的企业使用建材超市营销渠道，15.4% 的企业采用其他渠道。

目前，专卖店模式仍是我国木门产业最主要的营销渠道，超过 7 成的木门企业均采用专卖店营销渠道；工程近几年随着房地产尤其是精装房、商业地产市场的发展而异军突起，成为重要的营销渠道，已经迅速发展为大多数木门企业扩大销量的战略要地，超 4 成的受调研企业尝试工程渠道；装饰装修公司目前已发展成为我国木门营销的一大通道，超过 3 成受调研木门企业选择合作装饰装修公司拓宽渠道；电子商务作为线上的营销渠道，已有不少企业将其作为重要的营销模式，特别是越来越多的商家开始在抖音、快手、淘宝、京东、腾讯等直播平台上进行线上销售以为寻求不同的增长方式；选择建材超市营销渠道的生产企业所占份额相对较小。

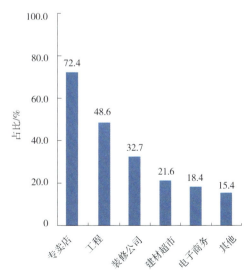

图 7-10 中国木门产业营销渠道利用情况

1. 专卖店

当前，国内木门产品主要由经销商进行销售，木门经销商大多建立专卖店或零售店，在区域市场内形成品牌影响力。在重点城市，专卖店一般设在建材卖场；没有建材卖场或建材卖场竞争力较弱的区域，专卖店通常开在建材一条街。

具体调研情况详见图7-11，在98家受调研企业中，90家企业采用专卖店的营销渠道模式，即91.8%的企业青睐专卖店；专卖店销售量占比大于50%的企业有53家，占采用专卖店营销渠道企业总数的70%。此外，没有一家木门企业将专卖店作为唯一的营销方式，这也反映出我国木门市场销售渠道的多样性和市场竞争性。

2. 工 程

由于房地产开发商销售方向由毛坯房向精装修房迅速转变，作为装饰主材的木门产品在装修工程中的使用越来越普遍。据报道，目前国内房地产公司95%以上的工程项目均采用木质门作为室内门。考虑到成本和业主需求，其中70%以上为木质复合门。

目前，国内在房地产工程中做得比较出色的木门企业除了具有较高的营销水平、良好的品牌影响力和优质的产品质量外，还有完善的与工程配套的服务系统。随着传统房地产企业盈利空间变小，国内一些房地产公司也开始组建门厂生产木门，专门配套本公司房地产项目。

具体调研情况详见图7-12，在98家受调研企业中，68家企业采用工程的营销渠道模式，占受调研企业总数的69.4%；工程销量占比高于80%的企业仅有5家，工程销量占比大于0且小于30%的企业有21家，占采用工程营销渠道企业总数的30.9%。其中，工

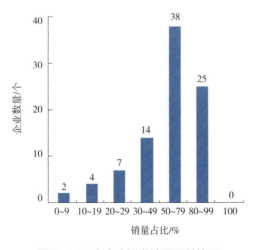

图7-11 专卖店渠道销量贡献情况

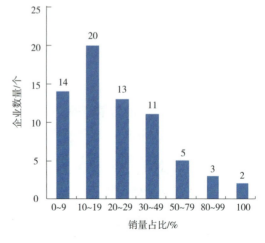

图7-12 工程渠道销量贡献情况

程渠道占比在 20%~29% 的有 13 家，10%~19% 的有 20 家，小于 9% 的有 14 家。由此可见，尽管有大部分企业都选择了工程渠道，但工程并不是这些企业销量贡献率最大的渠道，只有极少数的木门生产企业几乎完全依赖工程销售。

3. 装修公司

装修公司深度开发客户资源，根据客户需求提供或推荐主材。装修公司自营或代销已经成为建材销售的渠道之一，其中价格体系、专业团队跟踪、配套产品支持是开拓装饰公司渠道的必备资源。就目前市场状况而言，装饰公司仍属于附属渠道，但得到很多木门经销商重视并积极培育，这个渠道正在快速发展。

具体调研情况详见图 7-13，在 98 家受调研企业中，43 家企业采用装修公司的营销渠道模式，占受调研企业总数的 43.9%；装修公司销量占比高于 50% 的企业仅有 2 家；装修公司销量占比大于 0 且小于 30% 的企业有 37 家，占采用装修公司营销渠道企业总数的 86.0%。由此可见，装修公司对绝大多数木门企业来讲并非主打的营销模式，近 9 成采用装修公司这一营销渠道的企业，装修公司产生的销量占比低于 30%。

4. 建材超市

建材超市销售是以与改善、建设家庭居住环境有关的建材、装饰装修用品、家居用品、技术及服务为主的采取自选等自助服务方式的零售业态。建材超市产品品类齐全，交易便利，深受消费者喜爱和依赖。故对建材企业来讲，建材超市是产品和品牌展示的高效平台，是极有发展潜力的营销渠道之一。但建材超市的进入"门槛"越来越高，霸王条款横行，

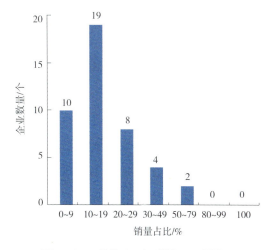

图 7-13　装修公司渠道销量贡献情况

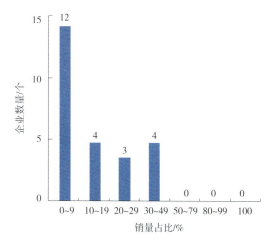

图 7-14　建材超市渠道销量贡献情况

令建材企业望而却步。故选择建材超市营销渠道，对木门企业来讲，需慎重衡量利弊。

具体调研情况详见图7-14，在98家受调研企业中，23家企业采用建材超市的营销渠道模式，占受调研企业总数的23.5%。建材超市销量占比大于50%的企业没有，销量占比大于0且小于30%的企业有19家，占采用建材超市营销渠道企业总数的82.6%。其中，建材超市销量占比20%~29%的有3家，10%~19%的有4家，小于9%的有12家。由此可见，目前选择建材超市这一渠道的企业较少，且企业均不将其作为主流营销通路，超8成选择建材超市这一营销渠道的企业，其建材超市销量占比低于10%。

5. 电子商务

在时代改革变迁、信息化进程加快的推动下，电子商务作为新兴产业，具有澎湃的生命力和长远的前景。特别是在"互联网+"的概念提出后，互联网与传统行业的结合成为一种发展趋势。近年来，一方面受房地产的影响，一方面受互联网的冲击，家居卖场客流量和成交量逐渐减少。为了吸引客户，扩大品牌宣传并进行售前和售后服务，越来越多的木门企业先后转型接触互联网，建立网上商城，通过在抖音、快手、淘宝、京东、腾讯等平台上进行线上销售以增加成交量。

电子商务的便捷，确实能够让木门企业节省实体销售环节所产生的成本，也能让产品销量有所提升。但是，就木门这类产品而言，大部分都是消费周期较长的产品，重复购买周期长，即使能凭借口碑带来二次消费，也很难形成持续的忠实度，大多需要通过市场投放吸引新用户。因此，木门企业在发展电商的过程中，前期做好相关宣传，最大程度地吸引用户是关键。由于木门产品销售的特殊性，涉及现场测量安装、交易额相对较高、产品放置场地不便、运输费用巨大等原因，使其在电商模式上相对其他行业起步较晚。目前，木门产业更多是采用"O2O"模式，即线上线下相结合，互联网成为线下交易的前台，消费者线上下单、线下体验的一种购物模式。消费者可先在实体店体验产品，再返回网上下单。下单之后又可分为两种情况：一种是企业将订单详情反馈到当地实体店，由实体店负责测量、送货、安装、维护等一系列服务；另一种是由企业直接发货，实体店只负责服务。这种模式的优势在于一方面能够通过互联网提高企业的知名度，最大程度地发挥网络营销效益；另一方面也可以确保售后服务质量，更好地处理消费者、经销商和企业三者之间的关系。从长远来看，电子商务将逐步发展成为木门企业扩大营销的新增长点，特别是直播电商代替传统电商，将成为木门企业竞相角逐的新领域。

具体调研情况详见图 7-15，在 98 家受调研企业中，67 家企业认为自己采用电子商务的营销渠道模式，占受调研企业总数的 68.4%；在受调研企业中，还没有 1 家电子商务销量占比大于 30%，且仅有 1 家电子商务销量占比为 20%~29%，电子商务销量占比在 10%~19% 的有 4 家，不足 9% 的有 62 家。整体而言，几乎没有企业将电子商务作为内销的主渠道，目前电子商务的贡献率还非常低。

木门电商的确处于一个"年轻"的阶段，很多新型电商企业依旧"摸着石头过河"，可探索的发展模式也很多，如"O2O""B2C"等模式。但其中急需解决的问题还有很多，特别是企业如何应对线下经销商向线上电商的变革。从行业角度来看，目前还没有一家企业真正实现了木门电商化，用户要完成从选购、支付、物流运输、安装测量、售后维护等一系列环节，仅靠木门电商的力量是无法做到的，必须借助线下经销商的力量。预测在未来较长一段时期，木门电商难以撼动传统的销售渠道和服务网络，传统家居店的主流地位不会发生根本性的动摇和改变。线上商店将成为品牌推广、具体门型推广以及售后产品和服务推广的重要平台，但不会取代经销商的功能。在新的线上线下结合（O2O）商业模式下，线上平台可以帮助经销商获得高质量的销售线索，线下经销店可以通过针对性的服务最终完成销售过程。经销商将提供线下服务，在完成销售的环节中发挥非常重要的作用。

6. 其他营销模式

具体调研情况详见图 7-16，在 98 家受调研企业中，15 家企业选用其他营销渠道模

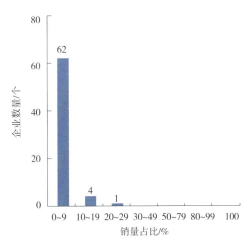

图 7-15　电子商务渠道贡献量情况

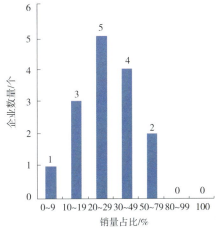

图 7-16　其他营销模式贡献情况

式，占受调研企业总数的 15.3%；其他营销渠道销量占比大于 0 且小于 30% 的企业有 8 家，占比大于 30% 的企业有 6 家。选用其他营销渠道的模式以代工（OEM）方式为主，主要是中小企业为国内大型木门企业或者是家居企业做工程类木门配套。由此可见，我国木门的营销渠道模式多种多样，很多企业或代工，或批发，或探索和尝试其他多样化的营销模式。

五、影响木门消费的主要因素

在木门消费者中，"80 后"至"95 后"是木门消费的主力军，用户年龄高度集中在 25~54 岁，占比近 9 成，这部分群体具有强大的购买能力；其中 25~34 岁是木门产业的消费主力军，占比高达 41%，具体见图 7-17。

1. 消费者购买木门消费心理分析

进入 21 世纪，人们对"生活品质"的概念愈加清晰，消费观念从最初的凭感觉印象逐步过渡到理性地、全方位地考察和对比，消费心理也由之前的"随大流"转变为追求个性化和与众不同。根据中国林产工业协会木门窗产业分会开展的针对消费者消费心理、行为的调研，调研情况如图 7-18 所示。

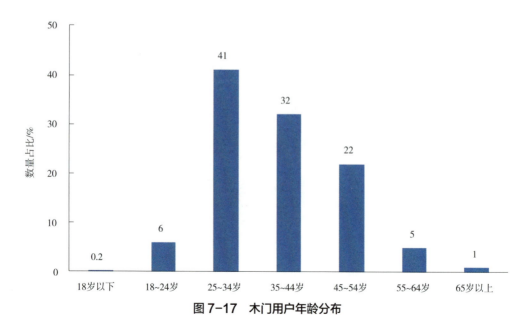

图 7-17　木门用户年龄分布

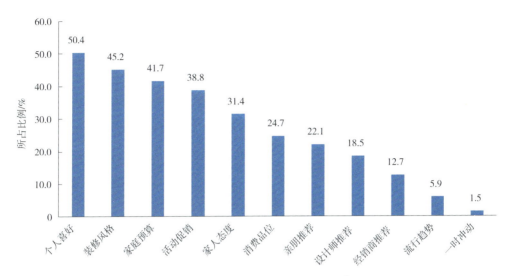

图 7-18 影响消费者消费心理的主要因素

分析可知，个人喜好所占比例高达 50.4%，高于其他影响因素；其次是装修风格，占样本总量的 45.2% 以上；家庭预算、活动促销和家人态度占比分别为 41.7%、38.8% 和 31.4%。消费品位、亲朋推荐、设计师推荐、经销商推荐、流行趋势、一时冲动等因素所占比例相对较小。

"80 后" 至 "90 后" 是木门消费的主力军，这一年龄段的消费者的消费能力和购买潜力大，更注重个人风格，追求消费行为带来的舒适便利和个性化需求，具有强烈的 "享受生活" 的观念，使得个人喜好成为消费者购买木门的重要影响因素。此外，越来越多的年轻消费者认识到木门不仅要具有一般的实用功能，还应与居室的整体装修风格相一致，对装饰功能和审美价值提出了更高的要求。而家庭预算和活动促销因素的影响反映出虽然木门主要消费群体年龄较轻，但其还保持着较为理性的消费心理。木门作为家庭装修的主要产品，也是家里使用频率较高的家居用品，其费用在装修预算中的占比也较高。因此，更多的消费者在选购时会考虑家庭预算和活动促销的影响。

除此之外，中国文化认同群体导向、注重和谐，人们通过社会信息受到群体影响，中国的消费者一般都有从众心理。通过对木门消费者消费心理的分析，调研发现部分消费者购买动机中更注重面子、崇尚品牌、讲究品位，购买前别人的意见对购买决策影响也较大，特别是会受到家人态度的影响。通过调研统计可知，家人态度、亲朋推荐、经销商推荐以及设计师推荐很大程度上也决定着木门消费者的选择。

2. 影响消费者购买决策的主要因素

消费者在购买木门产品时，会受到产品价格、品牌、环保、耐用度、颜色等多种因素影响，调研结果详见图 7-19。

价格因素是消费者考虑的首要因素，占样本总量的 64.7%。品牌因素是消费者考虑的次要因素，占 56.1%。品牌是质量的外在表现形式，木门知识比较专业和复杂，消费者更相信品牌效应，品牌通常代表了质量。处在第三位的因素是环保，占 50.3%。耐用度和颜色处在第四位、第五位，分别占 45.8%、41.2%。材料和表面效果所占的比例分别是 33% 和 34.6%。工艺、功能、产品结构、广告等因素所占比例较低。

消费者做出购买决策时，主要考虑价格、产品环保性能、品牌知名度、产品耐用度等因素，受广告等因素影响较小。这反映出我国木门的消费者消费理念成熟、理性，更注重产品的性价比、环保水平，更愿意选择产品质量及售后服务有保障的品牌。

此外，在决策链路上，木门消费用户需求明确，更关注家居用木门选择小窍门（如不同工艺生产的门的质量、木门与衣柜的搭配技巧等），之后会进行经验学习。根据不同木门用户需求的多样性，消费者决策初期关注的内容包括不同工艺木门的质量、效果、价格、保养等；在对比不同品牌的时候，消费者对木门功能（如隔声、防火）有要求；诊断目标品牌过程中，消费者除了关注口碑、档次之外，还关注售后、门店地址等信息，如图 7-20 所示。建议木门企业以内容建设为基础，同时增加品牌曝光。

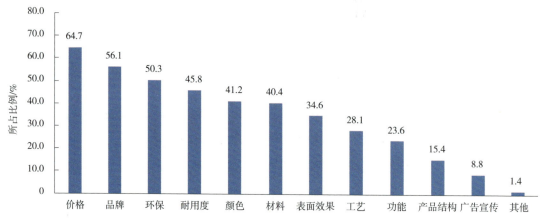

图 7-19 影响木门消费者购买决策的主要因素

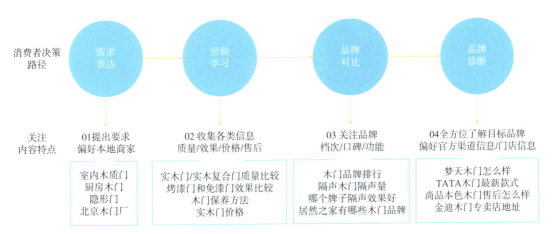

<table>
<tr><td>消费者决策
路径</td><td>需求
表达</td><td>经验
学习</td><td>品牌
对比</td><td>品牌
诊断</td></tr>
</table>

关注
内容特点

01提出要求
偏好本地商家

02 收集各类信息
质量/效果/价格/售后

03 关注品牌
档次/口碑/功能

04全方位了解目标品牌
偏好官方渠道信息/门店信息

室内木质门
厨房木门
隐形门
北京木门厂

实木门/实木复合门质量比较
烤漆门和免漆门效果比较
木门保养方法
实木门价格

木门品牌排行
隔声木门隔声量
哪个牌子隔声效果好
居然之家有哪些木门品牌

梦天木门怎么样
TATA木门最新款式
尚品本色木门售后怎么样
金迪木门专卖店地址

图 7-20　木门消费者购买决策链路径

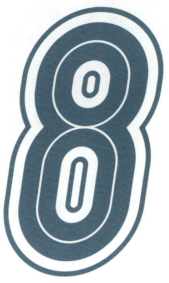

第 8 章
中国木门产业竞争力分析

　　我国木门产业已形成了从生产、销售、安装到售后服务的产业格局，随着技术创新、营销创新、经营理念、低碳环保理念等因素的变化，特别是在过去的 20 年房地产市场为木门产业带来了巨大的增量市场，木门产业发展迅速。但自 2016 年底，国内房地产开始被严格调控，以及 2020 年新冠的暴发让房地产产业发生一定的波动，与房地产紧密相关的木门等家居产业也正在悄然变化。特别是随着木门专用加工装备发展和木门生产技术逐渐成熟，原材料、劳动力、营销等成本的增加，以及国家环保政策的趋严，使得产业竞争力更加激烈，企业不得不面临利润大幅缩水的压力。这是阶段性的休整还是不可逆转的转折点？压力来自国内外市场的变化、国内房地产资本的介入以及国内大型家居企业对木门生产的涉足，真正接受考验的是木门产业全产业链的竞争力，现在我国木门产业发展正处于结构性调整的关键阶段。

一、中国木门产业链分析

木门产业链是从初始原材料和资源直到最终消费的过程中，由原料、装备、制造、销售、服务等相关方客观形成的顺序关联的、有序的经济活动的集合。当前，木门产业链呈现出以下特征：

1. 产业链条较长，产业链协同创新能力有待提高

木门为木制品终端产品，是多种材料精深加工的综合体，涉及木材、人造板材、胶黏剂、涂料、表面装饰材料、玻璃、五金件以及装备制造等多个行业，产业链条相对较长。随着我国木门生产自动化、智能化装备的发展，生产线日趋成熟，木门生产能力迅速增强。这种产能的增长给企业间带来的竞争压力越来越大，木门产能过剩趋势明显，市场均逐渐演变为买方市场，市场格局让产业链各环节认识到以量取胜难度越来越大，而做强、做精演变为上佳选择。此类观念逐步深入人心，产业链中越来越多的企业开始实践技术创新、品质提升、产品创新等。此外，随着木门产品向功能化、智能化转变趋势愈加明显，智能家居产品的上下游产业也开始融入木门家居产业链，使其应用场景更广泛，如图 8-1 所示。这种市场情况使越来越多的木门企业不得不加大科研投入力度，产业链局部创新意识持续增强。但由于较长的产业链存在着大量上下游关系和相互价值的交换，上游环节向下游环节输送产品或服务，下游环节向上游环节反馈信息，使得目前木门产业链协同创新能力还有待进一步提高。

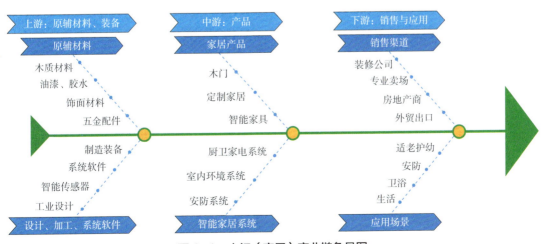

图 8-1　木门（家居）产业链鱼骨图

2. 产业链核心竞争力有待建立，创新氛围有待营造

由于木门产业链进入门槛低，经济回报尚可，吸引了一大批企业和人员进入。产业链大部分企业处于无序竞争的布朗运动状态，以压榨式生产降低成本，在低质、仿制基础上通过低价恶性竞争赢得市场，以量取胜成为主流，不利于促进产业进步因素的生长。可喜的是，近两年创新和质量提升开始呈现较好趋势，应当适时出台相关行规和政策来为木门产业保驾护航，以提升产业链进入门槛，营造促进创新、提升产业核心竞争力的行业氛围，促进产业链复合创新。

3. 产业链各环节竞争加剧，逐渐由价格竞争向品牌竞争过渡

产业能够创造足够的增值空间，是维系产业存在的基石；同时，能建立合理的产业链价值分配机制，并赋予每个环节应有的价值，是产业链健康发展的保障。木门产业链各环节普遍对价格过于敏感，较难实现对增值的认可和有效传递。这种情形普遍存在于工程业主采购木门、终端占领市场、经销商整合服务、生产厂选择原料和设备、产业链上不重视细节和创新过于追求成本控制等环节。对价格过于敏感是阻碍产业链健康成长的绊脚石。但随着居民收入水平不断提高，消费者的消费习惯和企业品牌意识的不断升级，整个产业链条的各环节正处于价格竞争向品牌竞争的过渡阶段。价格竞争和品牌竞争都是企业参与市场竞争的重要手段，但是价格竞争着眼于现状和生存，是有下限的竞争，品牌竞争包括形象、产品、服务、网络、市场保护等诸多内容，是着眼于未来和发展不断由低级向高级发展变化的竞争，是一种无止境的竞争。

4. 线下营销成本偏高，线上营销模式普及程度不断提高

木门销售现有的传统营销模式成本偏高，传统营销成本主要体现在：①产业集中度相对较低，单位销量宣传成本过高；②单个品牌局部市场规模小，无法支撑自建物流或规模化物流，物流运输成本高；③卖场相关开支占比过高；④单个品牌单个区域销量较低和销量季节性变化导致自营店铺装和售后服务成本高，降格为外协服务则必将降低服务质量。近年来，随着网络技术和信息技术的飞速发展，越来越多的木门企业开始尝试线上营销，如利用O2O、B2C等模式，将线上商店作为品牌推广、具体门型推广以及售后产品和服务推广的重要平台，线上营销模式普及程度不断提高。

5. 渠道控制力不足

木门对于消费者而言，是家居产品中较为重要的终端产品之一。在选择时，消费者对

其质量、外观、安装等方面的要求都较为讲究。目前，木门的渠道"4S"（销售 sale、零配件 spare part、服务 service、信息反馈 survey）均存在待完善之处，品牌对终端销售普遍在定价上不掌握话语权，胶黏剂、五金件等辅料等大多来源复杂，木门测量、制造与安装配合程度不高，服务大多缺乏稳定的团队和成体系的培训，产品供货周期长，信息反馈大多处于传统的初级水平。特别是当消费者在使用过程中发现如花色不统一、油漆或饰面层脱落等质量问题时，主张售后服务较难，企业对于客户投诉通常应付了事。渠道的管理服务水平等软件建设和控制水平处于较低水平，服务水平和所传播的品牌形象相距甚远。

6. 产业链渐趋完善，产业链集合发展基础雄厚

我国各类木门的产业链已渐趋完善，相对较薄弱的产品创新和技术创新也已得到部分企业的高度重视和实践。产业链集合的优势已在重庆万寿、浙江江山、广东中山东升、浙江永康等产业集群区域体现出来，产业链各环节角色定位及专业分工也更加明确清晰。配合木门生产，出现了许多做专业配套的企业，如生产门扇框架材料、门芯填充材料、门扇面板以及门套线条等企业，有助于带动木门企业转型升级，形成产业链集合创新，增强产业市场竞争力。

二、中国木门产业 SWOT 分析

1. 优　势

（1）可再生人工林资源优势

第九次全国森林资源清查（2014—2018 年）结果显示，全国森林面积 2.2 亿 hm²，活立木总蓄积量 149.13 亿 m³，森林蓄积量 175.60 亿 m³，森林覆盖率由新中国成立初期的 8.6% 提高到 22.96%。我国森林面积居俄罗斯、巴西、加拿大、美国之后，居世界第五位；森林蓄积量居巴西、俄罗斯、美国、加拿大、刚果民主共和国之后，居世界第六位。我国人工林保存面积 6168.84 万 hm²，蓄积量 19.61 亿 m³，人工林面积居世界第一位。

随着国家天然林资源保护工程的逐步落实，国内木材尤其是大径级木材供应日趋紧张。此外，近年来从国外进口木材资源受到出口国及国际环保组织越来越大的压力，在此情况下，人工速生材被越来越多地应用于木门制造。特别是以桉树和杨树为代表的人工速生林，是我国人造板生产的主要原料。近几年，中国人造板产量基本维持在 3 亿 m³ 左右，产量居世界前列，成为世界人造板材料稳定供应的基石。2020 年，我国人造板总产量为 3.11 亿 m³，同比增长 0.8%，再创历史新高。我国两大主要木门产品——实木复合门和木质复合门的框架、面板、部分门芯填充材料等基材基本都采用单板层积材、中（高）密度纤维板或者空心刨花板等人造板，而我国庞大且稳定的人造板供应量为木门产业发展提供了一定的资源保障。

（2）木门产品优势

木门的材质属性更贴近自然，可满足人们追求返璞归真、回归自然、美观大方、高档豪华、安全可靠的心理需求，尤其是木材具有隔热保暖、调湿保温、吸音隔声、花纹美丽、色泽优雅、强重比高、低碳环保、易于加工等独特的优点。因此，人们在室内装修时更喜欢选用木质门。

（3）产业规模优势

近年来，随着大量新材料的应用，新工艺、新结构的出现，木门产业得到了极大发展，实现了从传统到专业、由弱趋强的发展，已形成多种类、多功能和多档次的产品，以及从生产、销售到售后服务相配套的产业体系。目前，我国木门企业数量超过 8000 家，其中具有一定规模的企业约 3000 家，产值过亿的企业 100 多家，行业总产值近 1600 亿元，我国已经成为全球最大的木门制造国和消费国。

（4）产业集群优势

目前，我国已经形成了以重庆万寿、浙江江山、广东中山东升、浙江永康等木门制造产业集群。集群内涌现出一批在装备能力、技术水平和产品等国际竞争力方面崭露头角的品牌企业。并且出现了拥有比较完整的产业链配套企业，以及一些以木门作为主导产品的大型企业集团。

（5）市场优势

由于木质门满足了人们种种心理需求并且具有多种优点，其在室内装饰装修中广受喜爱。此外，门业（家居）发展与房地产发展息息相关。2021 年，我国商品房销售面积 179433 万 m²，同比增长 1.9%。其中，住宅销售面积同比增长 1.1%，住宅销售额同比增长 5.3%。随着房地产精装房政策的快速推进，我国工程木门比例必将迅速增长，未来我国木门市场潜力巨大。

2. 弱　势

（1）优质木材资源受限

我国主要进口的是工业原木，占全球原木进口的 40% 以上，是原木的主要进口国和消费国。我国木门所用的大部分珍贵阔叶材基本依赖进口，主要来自东南亚、非洲、南美洲、俄罗斯、北美洲等地区。但是近年我国从国外进口木材资源受到出口国及国际环保组织越来越大的压力，热带材进口量急剧下降。此外，受新冠影响市场上缺少工人，使得一些锯材加工厂停工减产、产能收缩，全球锯材生产量小于需求量。而这期间北美、日本等国的房地产增长很快，2020 年全年，美国房地产价格上涨了 10.8%，创下了历史最高年度涨幅，刺激了锯材需求的增长，使得木材资源更加紧张，多数木门企业普遍反映近年来进口木材的价格不断上涨。2022 年第一季度我国进口木材数据变化情况见表 8-1。2012—2022 年第一季度我国进口木材增减幅度变化见图 8-2。

表 8-1 2022 年第一季度我国进口木材数据变化情况

项目	2022 年第一季度	2021 年第一季度	增减幅度 /%
原木 + 锯材数量合计（原木材积）/m³	1889.2	2372.3	−20.4
金额合计 / 亿美元	37.48	38.67	−3.1
单价 /（美元 /m³）	198	163	21.7
一、原木数量合计 /m³	997.25	1494.7	−33.3
金额 / 亿美元	19.63	22.97	−14.5
单价 /（美元 /m³）	197	154	27.9
1. 针叶原木数量 /m³	663.38	1180.33	−43.8
金额 / 亿美元	10.33	15.28	−32.4
单价 /（美元 /m³）	156	129	20.9
2. 阔叶原木数量 /m³	333.87	314.37	6.2
金额 / 亿美元	9.3	7.69	20.9
单价 /（美元 /m³）	279	245	13.9
二、锯材数量合计 /m³	628.15	618.06	1.6
金额 / 亿美元	17.85	15.7	13.7
单价 /（美元 /m³）	284	254	11.8
1. 针叶锯材数量 /m³	399.83	412.54	−3.1
金额 / 亿美元	9.56	7.81	22.4
单价 /（美元 /m³）	239	189	26.5
2. 阔叶锯材数量 /m³	228.32	205.52	11.1

续表

项目	2022 年第一季度	2021 年第一季度	增减幅度 /%
金额 / 亿美元	8.29	7.88	5.2
单价 / (美元 /m³)	363	384	−5.5
三、进口金额合计 / 亿美元	53.12	51.49	3.2
四、出口金额合计 / 亿美元	104.23	91.42	14.0

数据来源：中国木材与木制品流通协会。

图 8-2　2012 年至 2022 年第一季度我国进口木材增减幅度变化

数据来源：中国木材与木制品流通协会。

（2）中小企业较多，短板明显

我国木门企业数量约 8000 家，但大部分为中小型企业，规模以上企业占比不足 40%。大部分木门企业管理理念较为陈旧，行业人才还是相对匮乏，从业人员专业素质、管理素质相对较低，60% 以上的企业还停留在经验管理阶段。行业对科研投入不足，研发创新能力偏低，模仿式的设计和产品同质化现象严重，未能形成有效的差异化竞争，阻碍木门产业高质量发展。此外，企业规模越小，越缺乏成熟的运营和财务机制，抗风险能力越差。特别是受新冠的影响，来自国内的一项基于企业大数据的研究也表明，疫情导致中小微企业的存活率降低了 11.81 个百分点，企业年龄越小、规模越小、销售收入越低，疫情对小微企业存活率影响越大。整体来看，疫情对于中小微企业的影响可以从供需两方面来考虑。在供给方面，因限制人员流动等措施，企业劳动力供应减少，产能利用率下降；供应链被打断也导致零部件和中间产品的短缺，原材料价格上涨拉高生产成本；疫情对金融市场的影响也会进一步导致信贷不足，这对于脆弱性更高的中小微企业而言更为严重。在需求方面，企业本身的营业收入下降，出现流动性短缺；因企业倒闭和被裁员的工人同样经历了收入的损失，从而减少了相关消费支出，进一步导致企业订单量下降。

（3）产品质量和服务参差不齐

根据质量监督抽查表明，我国木门质量整体水平较高，但仍存在部分企业产品不达标、产品质量参差不齐的情况。同时，个别企业的售后服务也不尽完善。

（4）行业内存在无序竞争现象

木门产业技术门槛较低，随着近年来木门专用加工装备的发展，木门生产能力迅速增长。这种产能的增长给企业间带来的竞争压力更大，引发品牌间的不良竞争，"价格战"随之而起。特别是近两年来市场环境和营销渠道的变化，给中小企业造成了极大困境，使得这些企业面临的生存空间更小、竞争加剧。

（5）劳动力与原材料成本上升的双重压力

我国木门企业正在面临劳动力和原材料成本上升的双重压力，大幅压缩了行业利润空间，使木门产业作为传统产业的成本优势逐渐消失。而 2020 年突然暴发的新冠，给国家物流带来了史无前例的挑战，国际货运紧张推高了运费价格，造成原材料进口和木制品出口价格高涨。同时，国际原油价格持续上涨，国内"双碳"战略目标背景下进行的产业结构调整和能源结构调整，使得我国能源商品和基础原材料价格高位波动，直接导致木门产业上游的涂料、胶水、板材、聚氯乙烯制品、五金件等产品价格上涨。据中国木材与木制品流通协会统计数据，2021 年 12 月与 1 月相比，聚氯乙烯膜 / 封边带价格上涨 5%~10%、胶合板（含单板层积材）价格上涨 8%~10%、科技木皮价格上涨 8%~10%、密度板价格上涨 6%~14%、刨花板价格上涨 10%~17%、门五金价格上涨 10%~25%、涂料价格上涨 15%~25%、胶黏剂价格上涨 15%~30%、玻璃、密封条价格也均有一定程度的波动，而且这种上涨趋势直至目前依然没有结束。这些对木门制造企业都是艰巨的挑战。

3. 机 会

（1）符合国家政策与发展规划战略

森林可以吸收大气中的二氧化碳，具有明显的碳汇效应。而木材和木制品的原材料来源于森林，可继续储存森林从大气中固定的碳。将木质材料加工成木门、衣柜、橱柜等家居产品，原料属于可再生、可循环、可固碳、可降解的材料，对发展循环经济和建设节约型社会具有重要意义，而且还可减少二氧化碳的排放、拉动植树造林、带动农民工就业，这不仅符合我国"双碳"战略目标，还有助于国家乡村振兴战略的实现。2016—2021年我国木门与家居行业相关政策见表8-2。

表8-2 我国木门与家居行业相关政策汇总（2016—2021年）

文件或政策名称	文件或政策发布时间	文件或政策发布部门	相关内容
《关于推进住宅全装修工作的意见》	2016年	住房和城乡建设厅	明确全装修范围、工作目标、具体工作内容；山东、河南、四川、上海、浙江等地陆续制定符合地区发展的全装修相关政策，推进住宅全装修工作
《工业绿色发展规划（2016—2020年）》	2016年7月	工业和信息化部	提出制定绿色工厂建设标准和导则，在建材、轻工等重点行业开展试点示范
《绿色制造标准建设体系指南》	2016年9月	工业和信息化部、国家标准化管理委员会	提出绿色制造标准体系框架，梳理各行业绿色制造重点领域和重点标准
《智能制造发展规划（2016—2020年）》	2016年12月	工业和信息化部、财政部	提出加快智能制造装备发展、加强关键共性技术创新、建设智能制造标准体系、构筑工业互联网基础；加大智能制造试点示范推广力度，促进中小企业智能化改造等
《2017年消费品工业"三品"专项行动计划》	2017年3月	工业和信息化部	继续开展智能制造试点示范和现场经验交流；加强轻工、纺织等产业规模较大、带动就业较多的传统消费品行业的智能化改造，加快推动相关行业标准和企业标准的制定；在服装、制鞋、家具、五金制品等行业继续推行个性化定制模式
《建筑业发展"十三五"规划》	2017年4月	住房和城乡建设部	提出2020年新开工全装修成品住宅面积达到30%
《关于进一步推动林木制品质量提升的意见的通知》	2017年7月	国家质量监督检验检疫总局、国家林业局	全面实施林产工业质量提升战略，大力增加中高端产品和服务的有效供给，积极开展林业特色区域共建工作，培育林木制品质量提升示范区
《轻工业高质量发展行动计划》	2018年6月	工业和信息化部、市场监督管理总局等5个部门	提出推动轻工业向创新、绿色、智慧发展；推动日用消费品向智能、融合、方便、舒适方向发展
《中共中央、国务院关于完善促进消费体制机制 进一步激发居民消费潜力的若干意见》	2018年9月	国务院	建立绿色产品多元化供给体系，丰富节能节水产品、资源再生产品、环境保护产品、绿色建材、新能源汽车等绿色消费品生产
《制造业设计能力提升专项行动计划（2019—2022年）》	2019年10月	工业和信息化部、发展和改革委员会等13个部门	提出提升制造业设计能力，为产品植入更高品质、更加绿色、更可持续的设计理念
《产业结构调整指导目录（2019年版本）》	2019年10月	国家发展和改革委员会	将"木、竹、草（包括秸秆）人造板及其复合材料技术开发及应用""木材及木（竹）质材料节能、节材、环保加工技术开发与利用""智能家居"列为鼓励类的产业
《中共中央、国务院关于全面推进乡村振兴加快农业农村现代化的意见》	2020年2月	国务院	乡村振兴和乡村建设离不开各类建材及相关制品

续表

文件或政策名称	文件或政策发布时间	文件或政策发布部门	相关内容
《国务院办公厅关于全面推进城镇老旧小区改造工作的指导意见》	2020 年 7 月	国务院	到"十四五"期末，结合各地实际，力争基本完成 2000 年底前建成的需改造城镇老旧小区改造任务
国家"双碳"战略目标	2020 年 9 月	第七十五届联合国大会一般性辩论	中国明确提出 2030 年"碳达峰"与 2060 年"碳中和"目标，"双碳"成为国家战略；木材及木制品是发展碳捕获、碳储存的重要途径，将木质材料加工成木门、橱柜等家居产品，对减少二氧化碳的排放具有重要的意义
"十四五"规划	2021 年 3 月	国务院	要求制造业重视质量提升、品牌建设和绿色发展协同进步；构建国内国际双循环相互促进，以国内大循环为主的双循环的新发展格局，提振内需也将成为家居行业主旋律，重视国内市场
《中共中央、国务院关于优化生育政策促进人口长期均衡发展的决定》	2021 年 5 月	国务院	随着二孩政策全面放开，三孩政策开始实施，居民对居住环境和空间利用率要求提高，进一步促进房屋装修，带动家居行业发展

（2）人民对美好生活的向往不断提升

目前，我国已全面建成小康社会，实现了人民生活从温饱不足到全面小康、奔向全面小康的历史性跨越，经济总量已跃居世界第二。我国城镇居民可支配收入持续增长，居民消费能力大大提高，人民对美好生活的向往不断提升。改革开放 40 年来，中国家庭住房面积从不足 $30m^2$ 增加到 $104.830m^2$。常住人口城镇化率持续提高，与 2016 年相比，我国常住人口城镇化率提高了 7.3%；2021 年末，常住人口城镇化率达到了 64.7%，户籍人口城镇化率也在明显提高（图 8-3）。不断提高的城镇化率表明中国已从初级城市型社会进入中级城市型社会，居民对家居生活改善的需求也在同步提升。2021 年，全国居民人均消费支出为 24100 元，其中人均居住消费支出 5641 元，同比增长 8.2%，占人均消费支出的比例为 23.4%，如图 8-4 所示。生活水平的提高使居民对居住条件更加关注，更加追求舒适的家居生活。

2021 年，《中共中央、国务院关于优化生育政策促进人口长期发展的决定》公布，国家提倡适龄婚育、优生优育，一对夫妻可以生育 3 个子女。这些变化带来了新增住房和改善性住房的需求，当代消费者需求从"住得进"向"住得好"转变。消费者对生活质量及品位的追求，必然会带动包括木门在内的家居产品消费和升级。木门（家居）产品是满足人民对美好生活追求的重要组成部分，木门（家居）产业也将迎来发展的重要机遇期。

图 8-3　2016—2021 年中国居民城镇化率及趋势

数据来源： 国家统计局。

图 8-4　2016—2021 年中国居民人均消费支出构成及占比

数据来源： 国家统计局。

（3）智能制造助力木门产业转型升级

国家"十四五"规划中明确要求提升产业链供应链现代化水平，推动传统产业高端化、智能化、绿色化，发展服务型制造。《中国制造 2025》战略任务和重点中明确指出全面推进轻工业等传统制造业绿色改造升级，积极推行集约化，提高制造业资源利用效率。家居制造行业是轻工业转型升级的新增长点。木门作为家居木制品中结构和工艺较为复杂的产品之一，其智能化制造水平的高低直接影响我国家居木制品智能制造水平。随着智能化、信息化技术的发展，我国智能制造相关软件、硬件装备水平在不断提高。我国木门制造企业多以中小企业为主，装备多以自动化/半自动化设备为主，急需进行生产线及设备智能升级改造。可以预见，未来 5 年将是我国木门产业迈入智能制造的时代，这就更有助于我国木门产业做大做强。

（4）电子商务、物流产业的高速发展

近几年来，电子商务作为一种新的数字化商务方式在我国发展迅速，并有效拉动了物流配送产业的快速发展。国家统计局电子商务交易平台调查显示，2021 年，全国电商交易额 42.3 万亿元，同比增长 19.6%。2021 年，全国快递物流业务金额累计为 10332.3 亿元，业务量为 1083.0 亿件，相比 2012 年净增长 18 倍。2012—2021 年，快递平均单价从 18.5 元降低到 10.6 元，快递物流成本显著降低。在此背景下，众多木门企业开始尝试电子商务，如利用 O2O、B2C 等模式进行线上营销。但由于木门产品销售具有特殊性，涉及现场测量安装、交易额相对较高、产品放置场地不便等原因，目前，更多采用 O2O 模式，即线上线下相结合，消费者线上下单、线下体验的一种购物模式。从长远来看，电子商务以及物流产业的发展将对木门企业扩大营销起到重要的支撑作用。

4. 威　胁

（1）生产成本上升

近年来，国内的原材料价格、劳动力成本、运输成本等的不断提升，增加了企业的生产成本。此外，对于部分出口型企业来说，国际贸易壁垒意味着今后中国木门出口成本增加；人民币升值、汇率提高、出口退税率降低，同样意味着出口企业将负担更高的成本。

（2）出口难度加大

对木材产品贸易影响较大的非关税壁垒有绿色贸易壁垒和技术性壁垒，各种认证、《雷斯法案》、反补贴、反倾销等，加大了木门的出口难度。此外，受新冠影响，2020 年全球贸易遭受较大打击，实际贸易额下降了 8.4%。虽然在全球经济复苏的推动下，2021 年全球实际贸易额同比增长了 9.3%，但运输物流受阻、供应链中断、额外的边境管制在 2021 年和 2022 年初仍存在。货物需求的急剧上升和疫情反复导致的严格的封锁措施使得全球航运能力日渐枯竭，随着国际重要港口的关闭和工人、司机的严重短缺，2021 年 10

月，全球交货时间指数创下历史新低，航运成本指数飙升，同比增长343%。经济合作与发展组织（OECD）预计全球实际贸易额增速在2022年将腰斩至4.9%，并在2023年进一步下降至4.5%。

（3）国内竞争加剧

随着木门专用加工装备发展和木门生产技术逐渐成熟，传统地板企业、房地产公司、家具生产企业也开始进入木门产业，加之之前部分木门出口企业开始出口转向内销，国内木门市场的竞争激烈程度不断加剧。

（4）房地产整体规模增速明显放缓

木门产业发展与房地产发展息息相关。近年来，随着精装房政策的快速推进，我国工程木门比例增长迅速，工程木门企业不但面临房地产商不断压低利润空间的威胁，还承受着来自房地产商的垫付资金压力。但伴随人口增速及城镇化率增速不断放缓对房地产刚性需求产生了较大负面影响，在房地产存量时代及"房住不炒"的主基调下，从2016年开始，我国房地产整体规模增速进一步放缓。如图8-5所示，2021年商品房住宅销售额增速从8.7%降至5.3%，未来房地产领域将遇到较大的增长压力。而房地产行业属于资本密集型行业，其资产负债率在我国近些年长期维持较高水平。在当前"三道红线""房贷集中度管控"等政策情况下，近两年来房企债务违约的情况频繁发生，更多的房地产企业可能出现资金紧张甚至断裂破产危机，一旦危机发生，必然会对下游的木门企业，特别是以工程木门为主要业务的企业，造成严重影响。

图8-5　2016—2021年商品房与商品房住宅销售额及增速变化
数据来源：国家统计局。

（5）国家环保政策要求提升

2015 年以来，国家环保政策、法规、标准频繁发布，要求进一步落实环保理念，全面推进木门产业绿色制造，符合市场消费者的利益和产业可持续发展方向，对木门等家居企业在清洁生产、排放物治理等方面均提出了新的要求，对企业工厂与产品的督查监管日益严格。因此，今后国家对木门企业废水、挥发性有机化合物和粉尘等污染物排放标准以及木门产品的 甲醛释放量、挥发性有机化合物和重金属限量标准会不断提高，这都需要增加产业投入和成本，木门企业不得不面临更严峻的挑战。

第 9 章
中国木门制造新技术与
产业发展新动向

技术进步是推动产业结构升级的直接动力。近年来，随着化工材料、环保涂装、智能制造、大数据、虚拟现实等技术不断突破，产业大升级、行业跨界融合的态势持续凸显，一系列先进技术的应用给传统的木门制造产业带来了新的生机，加速了产业链全面升级，助推木门产业高质量发展。本章对目前或未来有可能应用到木门制造领域的新技术进行了重点介绍，并分析了木门产业发展的新动向。

一、中国木门制造新技术

1. 紫外线发光二极管固化技术

紫外线发光二极管（ultraviolet light-emitting diodes，UV-LED）固化技术是一种新兴的、环保的固化技术，是利用紫外发光二极管灯发出的紫外光引发紫外光固化树脂产生瞬间光化学反应，在物体表面形成具有网状化学结构的涂层。紫外发光二极管是发光二极管的一种，采用发光二极管发光方式。发光二极管的主体是一块电致发光的半导体材料，电流越强，发光越强，如图 9-1 所示。发光二极管光源以节能、环保、高效著称，是替代传统紫外汞灯光源技术的一种更安全、更环保、更经济的选择。

由于传统紫外光固化涂料的涂装是靠汞灯进行光固化的，在生产过程中，会有臭氧产生、辐射污染、电能消耗高、汞灯寿命短、报废处理难等问题。近年来，紫外发光二极管涂装技术已受到行业的关注，相比传统汞灯的紫外光固化技术，紫外发光二极管涂装固化技术有能耗低、寿命长、效率高、易维护、更环保等巨大优势。目前，紫外发光二极管灯正在逐渐取代传统紫外光固化汞灯，并成为众多紫外光固化涂料、紫外光固化油墨等树脂紫外光固化的选择方向。

紫外发光二极管涂料种类主要有溶剂型紫外发光二极管涂料、水性紫外发光二极管涂料；从涂料用途上分类，主要有紫外发光二极管腻子、紫外发光二极管底漆、紫外发光二极管面漆等。从涂装设备上分类主要有辊涂机辊涂、淋涂机淋涂、喷涂机或人工喷涂（包括往复喷、静电喷、真空喷）等。目前，常见形式是定型的往复式紫外发光二极管固化机（图 9-2），也有直接在原有的紫外光固化涂装生产线（或设备）中改装紫外发光二极管光源的，常与辊涂机、淋涂机、水平往复式喷涂机等配套，适合木地板、木门、家具板件、装饰板材等较为规则的板式部件的紫外光固化。

图 9-1　紫外发光二极管灯　　　　　　图 9-2　紫外发光二极管固化机

近几年来，鉴于发光二极管的小尺寸和灵巧性特征，紫外发光二极管面光源体系可以依据客户要求加工成任意形状，主要有吊线紫外发光二极管固化系统、地盘线紫外发光二极管固化系统、辊筒线紫外发光二极管。它们可以与垂直往复式喷涂机、机器人（或机械手）喷涂机、人工喷涂等设备配套，特别适合异形的非规整零部件或产品的光固化。

2. 电子束固化技术

电子束（EB）固化是指使用低能电子加速器发射的电子束，直接作用于涂装 / 印刷在基材表面的高分子液体涂层上，通过辐射化学反应，使液体涂层迅速转化为固体的表面硬化过程。该技术是目前已知的最清洁、最高效、最高质的表面固化技术。

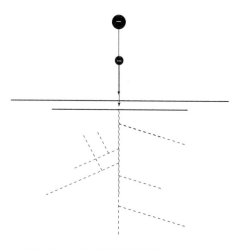

图 9-3　电子束固化的固化效果示意图

电子束辐射固化技术属于辐射固化，即利用电子加速器产生的电子束对样品进行辐射使其固化。这些几乎以光速运动的电子经过一个窄的金属箔窗口而进入真空室中，接着这些高能电子撞到介质分子并在短时间内将能量传递给介质分子，介质分子吸能后使原有的热平衡破坏并形成自由种，如离子、电子、自由基等。随后，这些自由种在体系中迅速扩散并产生各种化学变化，达到化学平衡，最终建立新的热力学平衡。电子束固化的固化效果如图 9-3 所示。

电子束固化与紫外光固化机固化不同。电子束是一种电离辐射，加速器产生的电子具有高电位。其携带的能量远高于紫外光固化辐射，所以无须外加引发剂就能引发链式聚合反应，产生较纯净的聚合物，具有快速固化、高能量转换率、低热效应，同时具有高穿透性。电子束固化设备原理如图 9-4 所示。紫外光固化时，紫外光的穿透性和可触达的深度会随着涂层厚度而衰减，从而造成固化不均匀的情况。使用电子束固化，电子在进入涂层后会产生一系列的交联反应，让涂层的固化效果更佳。材料横截面中的紫外光和电子束能量沉积对比如图 9-5 所示。该技术可以应用到木门及家具涂装领域，既可大大缩短木制品涂装的干燥速度，也可以克服紫外光固化产品易发黄、漆膜附着力不高等缺点。

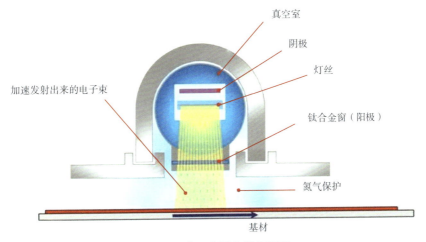

真空室
阴极
灯丝
加速发射出来的电子束
钛合金窗（阳极）
氮气保护
基材

图 9-4　电子束固化设备原理

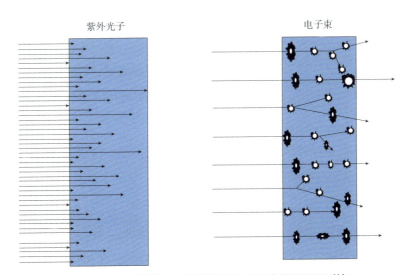

紫外光子　　　　　　　　　　电子束

图 9-5　材料横截面中的紫外光和电子束能量沉积对比

3. 木门表面肤感涂层装饰技术

肤感，即人体皮肤与外界发生接触时人们获得的所有感受，主要为触觉和视觉上的综合感受。肤感的产生主要是具有特殊结构和性质的物体如表面形貌（立体纹理、凹凸）、表面摩擦、弹性、柔韧性、压缩性、密度及热学性质，在与皮肤接触时使人产生柔软、饱满、温暖、舒适等感受。近年来，木门表面的肤感涂层（即肤感层，也称皱纹涂层、哑光涂层、桔纹涂层）正逐渐成为高端家居市场的主要代表性材料之一。

肤感涂层装饰木门即涂布肤感涂层或表层覆盖肤感材料（如皮革、织物）的木门。目前，主要以使用涂布肤感涂层装饰人造板作为木门面板为主，主要成型方法为涂饰法。涂饰法主是以自干型涂料（如水性聚氨酯）或紫外光固化型涂料（如聚丙烯酸酯）为肤感涂层主要成型材料，通过涂刷、喷涂等传统涂饰方式将涂料涂覆于人造板表面，涂料在干燥或固化过程中产生机械不稳定性，从而使人造板表面涂层形成褶皱纹理，进而使板材表现出一定的肤感性能。

国内一些设备制造厂家也陆续开发出可实现肤感涂层装饰人造板的全自动涂装生产线，满足肤感装饰表面的涂层褶皱成型和控制需求。目前，常用准分子紫外灯对紫外光固化漆层表面进行照射。在照射前期，预聚物表层形成一层较硬的薄层。这层硬薄层在照射后期被继续固化的预聚物，产生的压缩应力压缩形成褶皱纹理。紫外光固化树脂在聚合反应时，表层树脂由于受到氧气的阻聚作用发生不完全收缩，而下表层树脂则聚合完全，两层之间形成收缩梯度而产生应力差，进而致使表层被压缩并产生褶皱。如图 9-6 所示，这种氧气阻聚形成的褶皱形貌可以通过紫外光固化层的厚度、氧气浓度来调控。同时，在紫外光固化涂层表面外置特定模具，通过模具与固化涂层的接触面积来控制氧气浓度，从而对这种固化涂层的褶皱形貌进行进一步调控，以满足不同性能和功能需求。

4. 静电喷涂技术

目前，可用于木门表面涂装的静电喷涂技术主要有两种，即粉末静电喷涂技术和旋杯式静电喷涂技术。

（1）粉末静电涂装技术

粉末涂料是指不含液体溶剂的 100% 固体粉末状的涂料，属新型绿色环保涂料。人造板适合静电粉末涂装技术，需要多个领域和技术的跨领域组合创新，影响粉末静电涂装的关键因素主要包括固化设备、板材参数、粉末涂料性能、木门及家具要求、涂装工艺等。粉末静电喷涂具有无挥发性有机化合物排放、环保性好、生产效率高（加工周期不到传统油漆周期的 20%，单位面积和人工产能提高 4~5 倍）、成本低（效率提升和材料利用率高，成本比传统油漆低 10%~30%）等优势。粉末静电涂装的表面效果如图 9-7 所示。

（2）木门表面旋杯式静电喷涂技术

木门表面旋杯式静电喷涂是指涂料微粒经旋杯式雾化装置处理后带负电，高速离心雾化的涂料漆雾在电场力作用下，均匀涂覆于木门表面，形成均匀、光滑、平整的漆膜。旋杯式静电喷涂技术具有无挥发性有机化合物释放、环保性好、生产效率高、可连续化生

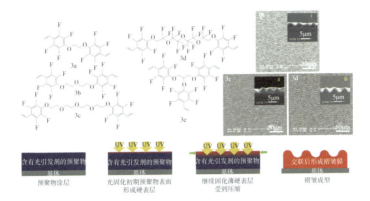

（a）液态预聚物在紫外光固化条件下的皱纹
成型机理及其表面形貌

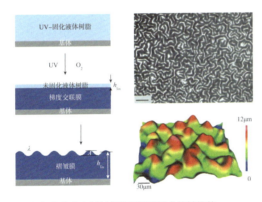

（b）紫外光和氧气条件下液态聚合物皱纹的
成型机理及其表面形貌

图 9-6　肤感涂层成型机理

（a）　　　　　　　　　　　　　　（b）　　　　　　　（c）

图 9-8　木门旋杯式静电喷涂生产线

产、油漆利用率高（达 85% 以上）、漆膜均匀性好（达到 10% 甚至更优）等优点。木门旋杯式静电喷涂需重点控制的工艺因素主要包含喷涂底漆后的木门表面电阻测量与控制；湿膜、干膜下木门表面电阻的影响因子与影响规律；喷枪垂直移动速度、木门进料速度、喷枪水平和垂直方向移动行程、喷枪间距对漆膜厚度及均匀性的影响等。如图 9-8 所示为木门旋杯式静电喷涂生产线。

5. 3D 数码喷印装饰技术

3D 打印家居制品表面装饰主要采用喷墨打印成型技术，其工作原理如图 9-9 所示。喷墨墨水在压电或者超声压力作用下从喷头被挤出，然后紫外光固化成型。通常情况下，喷墨打印的速度由从喷头压出的墨滴尺寸决定，墨滴尺寸越小，打印产品的分辨率越高。

所以打印比较精细的结构时，需要较长的打印时间。喷墨打印技术集成了数码喷墨技术、直接印刷技术以及紫外光固化技术，相对于传统家具表面装饰手法如彩绘、刻绘、嵌螺钿、热转印等，它不仅能够模拟传统的人工彩绘、刻灰填彩、描金等工艺效果，同时更加高效、低价，而且也能达到精美的艺术效果。另外，喷墨打印原材料主要采用紫外光固化的紫外光固化油墨。紫外光固化油墨绿色环保、无挥发性气味、固化时间短，同时其打印色彩鲜艳、色域宽广，目前已在漆器、地板表面打印时能获得较好的装饰效果。

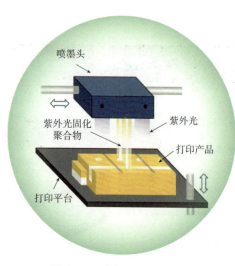

图 9-9　喷墨打印成型原理

家居制品 3D 打印表面装饰效果如图 9-10 所示，经过喷墨打印的漆画不仅能够呈现鲜艳的色彩，还能达到传统彩绘工艺的加工效果，这大大减少了漆画的制作工艺、缩短了制作时间，同时降低了制作成本、提高了生产效率。图 9-10（c）为利用喷墨打印对家居橱柜进行表面装饰，通过 3D 打印装饰不仅能使家居制品与家居环境有机融合，同时还可以根据个人喜好和需求实现家居制品表面装饰个性化定制。图 9-10（d）、图 9-10（e）和图 9-10（f）为利用喷墨打印技术在人造板表面进行仿木纹制作，可以看出，喷墨打印的木纹纹理清晰而逼真，与天然木纹相差无几，此技术在节约木材资源的同时也提高了木材自身的利用价值。将数码打印技术应用于木门表面，可实现木门表面装饰由传统贴面装饰向工业数字化装饰的转变，促进产业技术水平和生产效率的提升，具有很好的经济效益与社会生态效益。

6. 层压门扇自动化组装技术

层压式木门（又称木夹板门）因其设计简约时尚、性价比较高，越来越受到广大消费者特别是年轻消费者的青睐。2016 年以前，我国层压式木门的自动化、柔性化加工设备的研发和应用，主要集中在门扇成型后处理工段，如门扇面板压贴、门扇四边定尺锯切、门扇五金件位置加工以及门扇砂光和饰面油漆等工序，但针对门扇成型之前的组框、门芯材料填充、门扇框架拼装与门扇组坯等工序的研究和应用鲜见。由于定制门扇规格差异较

（a）　　　　　　　　　（b）　　　　　　　　　（c）

（d）　　　　　　　　　（e）　　　　　　　　　（f）

图 9-10　家居制品 3D 打印表面装饰效果

大，门扇部件的定位、定尺以及排列方式较多，设备调整困难，成型前的自动化组装工艺较为复杂，尚未形成有效的自动化解决方案，还是依靠人工作业方式。近年来，国内梦天、TATA 等主要大型门企，越来越重视木门门扇成型前的自动化、柔性化加工，并开始联合国内自动化设备公司，开发了首条层压门扇自动化组装生产线，大大提高了层压式木门的自动化、柔性化制造水平。

压式木门自动化组装的基本流程如图 9-11 所示，根据基本流程布置的生产线如图 9-12 所示。生产线主要包括门扇框架备料、预制件贮存和加工、玻璃供料、组框、面板来料单元、填充板自动加工与传输、门扇总装以及门扇压合等单元，采用了机器人自动抓取技术、预制件备料与自动输送技术、智能仓储物流技术，能够完成木门门扇的框料加工、门芯材料填充、拼框与面板压合等加工过程。

图 9-11　层压式木门自动化组装基本流程

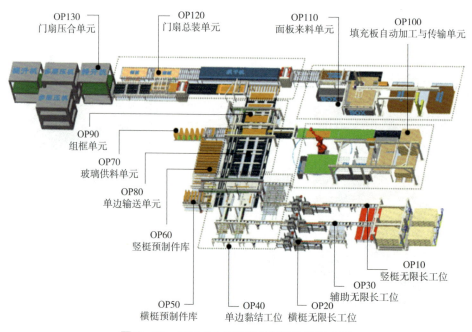

图 9-12　层压式木门自动化组装生产线布置

7. 微波热压技术

传统的覆贴压机主要采用热压或冷压方式进行贴覆。目前，市场上出现了一种通过微波加工的压机，主要利用热辐射原理，采用电子元件发射电磁波，使工件内的水分子产生高频震荡摩擦发热，不管是工件内部还是外部，都是在同时、均匀加热。目前，此技术主要用于门扇压合、表面装饰材料覆面等工序。该压机主要技术优点如下：

（1）工作效率高

相较于冷压机的自然干燥、热压机的加热干燥既耗时又费力，微波压机（图 9-13）可实现平均 1min 生产 1 扇的工作效率，1 台微波压机的产能就可抵 18~20 台冷压机。门扇在经过微波压机的快速压合后，直接进入四边锯完成封边，然后进入开锁孔、合页整线等五金加工流程，显著提升整体生产效率，在做到减少车间场地占用、减少产品流转、使多道生产工艺实现连线的同时，实现高效率生产。

图 9-13　微波压机

（2）压合质量好

微波压机在工作时，门扇中的水分子高速运动，内外同步、均衡有效地排除水分。相对于外加热由外到内的升温方式，微波压合可以更好地保持工件水分均匀，使得产品更加平整且不易变形，还能够杀虫卵、免虫蛀。同时，微波加热还具有及时加热及时终止、没有热惯性的特点，可将温度精准控制在工作要求的范围内，即便是传统热压机无法压合的聚氯乙烯免漆饰面板等，也可快速加热压合而不会造成聚氯乙烯饰面损伤。针对防火门热压时容易出现的防火门冷却后反弹变形并损伤饰面问题，微波压机也可以很好地解决，不但能够保证产品效果，还可大大提高工作效率，将原本 4~8h 的工艺过程，缩短至 1min 生产 1 扇的效率，夏季甚至可以更快。

（3）生产效益好

冷压技术需要大量的场地资源；热压设备需要配置加热源，存在热能损耗、环境污染等问题。这些成本都会随着时间的推移逐年变高。微波压机利用微波能加热技术，具有无须预热、即开即用、3s 响应的特点，门扇加热时间短，场地需求量小。主要采用电力能源，不必烧锅炉供热，节能环保，在自动开启、断电功能的支持下，耗电量只有传统热压机的 1/5。同时，使用微波压机后，产线人工减少，人员成本明显降低。

8. 木门设计与制造一体化技术

我国木门多为定制产品，结构和工艺比橱柜、衣柜等定制产品更为复杂。在目前传统的下单生产模式下，门店端的木门产品设计方案无法对接生产，下单后需要人工拆单、审单，效率低下且容易导致失误，造成返工以及无法高效交付等问题，整体交付效率和质量的提升无法得到保障。在此情况下，我国梦天、广东欧派、好莱客等头部门企开始尝试通过打通设计与生产、提升设备自动化、引入柔性生产线，实现企业的订单效率提升、原料用量降低、综合成本降低。通过企业资源计划管理软件（ERP）将设计软件、拆单软件、制造执行系统（MES）有机连接起来，实现整个业务流程的信息互通与自动流转，最终实现门店端快速设计、出图、报价、下单，企业后端快速审单，软件拆单排料，实现前后端各环节、各角色与整体流程的提效。

（1）现有定制木门产品设计与制造一体化的需求与痛点

①木门产品建模：定制木门由于其构件、装饰、五金的调整需求，传统建模软件必须以穷举的方式建模，建模成本与管理成本高，均导致企业无法有效地推进产品数字化。

②方案设计：需要在企业可生产的范围内，实现木门以及配套产品（门套、线条、护墙板、五金件）的工艺搭配、尺寸调整、构件替换、材质替换等。

③算量报价：需要在极短的时间内，根据不同构件、不同材质、不同尺寸等产品维度，和不同子品牌不同维度，实现科学精准报价（不同企业有不同的产品计价逻辑）。

④产品下单：定制木门目前已经延伸至护墙板、衣柜等品类，需要软件支持多品类快速整体或单独下单（早期木门企业下单流程：设计师画 CAD 图，然后改图、做报价）。

⑤审核拆单：有别于定制家具的先有订单后有产品（定制家具行业的"设计即拆单"模式已经成为成熟方案），定制木门在设计生产这一块依然存在较大的挑战，在订单交期与拆单正确率方面都有提升空间。

（2）需求与痛点的解决办法

①在前端设计工具中完成对产品部件的参数化建模。根据各企业木门产品结构、生产工艺、材料计价规则，进行参数化建模。参数化模型保证了在企业可生产的范围内，实现前端产品尺寸、构件、材质等自由组合、修改、调整；实现前端门店快速准确地报价输出，报价逻辑与清单格式可根据企业需求自由设定；实现模型即图纸，图模联动，方案发

生任何改动，图纸自动同步调整。根据参数化模型的特点，前端设计工具可以让企业在工具中设置多种规则以进行检测，设计师可以通过规则检测快速识别方案问题并进行修改，此功能极大降低了设计师与审单员在下单后期调整方案的工作量。

②实现软件集成下单和审单能力，完成木门单品以及跨品类整体下单，满足企业多品类运营的需求。

③拆单功能实现木门芯板、护墙板等板块的拆单排料与孔位生成，实现物料最优解法，并且生产设备可读取的 G 代码，实现开料打孔的自动化生产。

④各软件通过程序编程接口（API）方式，将整个业务流程集成到一起，降低人为操作流转频次，有效降低错单率、缩短流转时间，实现企业真正的信息化业务赋能。完成信息化改造后的业务流程如图 9-14 所示。

9. 新型仿植物基复合结构防火门制造技术

传统的木质防火门一般使用珍珠岩作为防火门芯层，两侧再贴覆玻镁板和饰面人造板

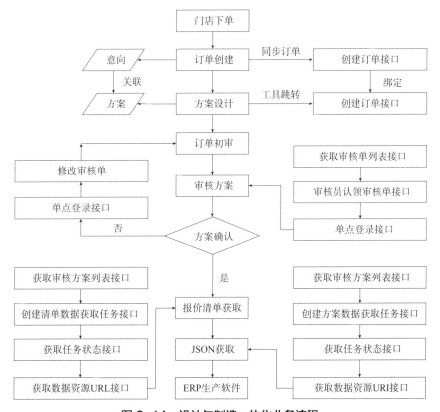

图 9-14　设计与制造一体化业务流程

的5层结构，如图9-15所示。由于珍珠岩芯材需要高温加工而成，环保要求高且易变质粉化，长期使用无法保证木门的防火性能。传统木质防火门中的珍珠岩、玻镁板中还存在氯离子，对五金件和其他配件有腐蚀作用，大大缩短了防火门使用寿命。此外，传统木质防火门需要预留遇热材料的膨胀缝隙，会降低防火和隔声性能。

近年来，市场上出现了一种新型木质防火门，其主要特点是采用"1层多元镁复合防火板＋2层稻壳／木粉无机复合人造板"的3层结构，如图9-16所示。新型木质防火门芯层使用多元镁复合板替代传统的珍珠岩板材。多元镁复合板属于一种发泡轻质防火板，其通过发泡技术将泡沫与无机矿物均匀混合，经灌入模具及自然养护后在结构内部形成蜂窝状封闭泡沫结构。这种结构不仅具有较好的吸音效果，而且具有轻质、耐火和保温等特点。门扇骨架和芯层两侧贴覆材料均为稻壳／木粉无机复合材料，根据使用场合不同，稻壳、秸秆和木粉等材料的混合比例不同。稻壳／木粉无机复合人造板使用镁基复合磷酸盐无机胶黏剂替代传统有机胶水，将稻壳、秸秆和木粉等材料按照一定比例混合胶合压制成一定规格的人造板材。该无机人造板可克服传统无机人造板力学性能较低和二次贴面效果不好等问题，具有较好的握钉力和静曲强度，而且可直接贴覆三聚氰胺纸、聚氯乙烯薄膜或木皮等贴面材料，贴面后表面不易产生开裂、龟裂等现象，其握钉力可达1800N，静曲强度可达16MPa，其24h吸水膨胀率小于1%。由于该防火门结构采用使用了无机胶黏剂和无机复合材料的3层结构体系，因此其防火性能明显较普通木质防火门要高，根据不同场合使用需求，可达到国家标准甲级和国家标准乙级标准，其隔声等级可达34~35dB，而且厚度比传统防火门要薄10~20cm。随着我国国内防火门市场标准的日趋严格，该防火门制造技术将会有较大的应用推广空间。

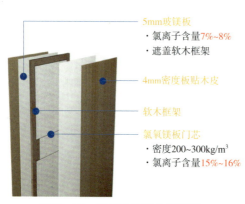

图9-15 传统木质防火门结构

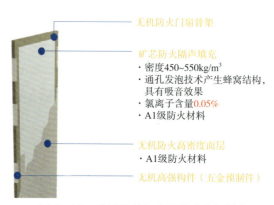

图9-16 仿植物基复合结构防火门结构

二、中国木门产业发展新动向

1. 产业链更加完善，专业分工更加细化

近年来，随着我国木材及相关行业加工技术水平的提高，木门产业链各环节的制造和服务水平有了显著提高，其产业链更加完善，专业化分工更加明确和细化。许多面临竞争压力的中小企业，转型为木门企业生产配套产品，出现了专门为大型门企生产木门饰面板、门扇框架、门芯填充材料以及门套基材等配套产品的企业。此外，木门加工装备、相关设计、管理和加工软件在效率、功能性、可靠性、易用性和维护性等方面都有极大的进步。

2. 市场竞争加剧，资本开始渗透木门产业

随着市场竞争加剧和市场红利不断减少，家居及建材等多个行业资本不断向木门产业渗透。多个房地产企业介入木门生产行业，如碧桂园、星河湾等。多个地板龙头企业也纷纷介入木门生产行业，如圣象、大自然、世友、肯帝亚、富得利等。另外，还有大型家具生产企业均已建造了自己的木门厂，如广东欧派、索菲亚、天坛家具、华日家具等。这些资金雄厚的大型企业开设木门厂通常起点都很高，选用先进的加工设备，生产规模都在产值亿元以上。中小企业的生存空间进一步被挤压，更加剧了行业内的竞争，为破解快速发展中的资金难题，实现更高的战略目标，木门产业开始进入资本市场寻求解决之道。企业通过上市和并购寻求新的发展机遇，以提高自身的竞争力。如传统领军企业梦天家居成为继江山欧派 A 股上市后的第二家木门企业，另有不少企业也正在做上市准备。中国木门产业正经历着行业洗牌、产业升级的严峻大考，资本是加速整合的催化剂，正在改变着木门产业的整合态势，影响着未来木门产业的发展趋势。

3. 瞄准市场，更重视品牌建设

随着我国木门产业竞争的加剧，精准细分市场、打造具有影响的品牌力将成为产品销售的主要动力，也是木门企业发展壮大的必由之路。品牌优势将有利于木门企业抢占国内市场份额，因而木门企业对品牌的需求和认知会越来越强。但目前国内木门市场具有绝对影响力的品牌屈指可数，品牌竞争将是木门产业未来发展的焦点。

4. 销售模式多样化，"互联网＋"成为木门产业新突破点

木门产业的销售模式正在发生变化。"互联网＋"已深刻并将长远影响整个木门产业

的发展，特别是在新冠期间，居家生活成为主要生活方式，线上购物成为主要选择，直播带货、短视频营销、社交媒体种草创意性营销等线上营销手段显示出极大的优势。2020年，木门产品在天猫线上成交额近50亿元，同比2019年增长50%。

5. 工程类木门占比增长迅速，市场份额争夺加剧

目前，在个别一线城市，全装修房屋交付已占到80%~90%，木门、地板、橱柜等产品都由房地产开发商采购，其主要特征为低成本、大规模。由此，工程类木门已成为木门企业重要的营销方向，并有扩大趋势。工程全装修、店面零售和线上营销将各自发力，抢占市场份额。

6. 智能化、功能型、绿色环保及个性简约成为产品重要发展方向

伴随消费者物质生活水平的提高和消费升级，木门产品将不断向个性化、舒适、健康、环保、功能型、智能化方向发展。为满足消费者不断升级的需求，更多的木门企业将创新研发功能型（隔声、防潮、阻燃、防霉、智能）木门、轻质高强木门、绿色环保（基材、饰面材料、涂料、胶黏剂的环保）木门，以及个性化（造型、结构、色彩的个性化）木门和智能化（智能门锁、猫眼等）木门等高附加值产品。这是木门企业未来产品开发的重要定位和方向。

7. 智能制造成为木门产业未来主要驱动力之一

我国近年人口红利消失导致木门产业劳动力短缺与成本上升。许多木门制造企业纷纷将"机器换人"列入木门制造规划和改造项目中。而且随着国内大数据、云计算、人工智能、5G等新兴技术蓬勃兴起，以及国家智能制造利好政策不断出台，木门产业也开始被众多智能制造企业关注。我国木门制造企业多以中小企业为主，装备多以自动化/半自动化设备为主，急需进行生产线及设备智能升级改造。可以预见，未来5年，智能制造将成为木门产业发展的主要驱动力之一。

第 10 章
中国木门产业发展展望

经过 20 多年的发展，中国木门产业已进入极为激烈的市场竞争阶段，大品牌格局基本形成，头部企业所占份额稳步提升，未来市场集中度将进一步提高，产业面临着新的机遇和挑战。未来，我国木门产业的发展，将向以下几个方面发展：

一、材料多样性与产品多元化，技术工艺不断创新；

二、差异化、中高端化趋势凸显，存量翻新将成为市场主要供给量；

三、关联产品多元化经营，销售渠道多元化；

四、更加重视产品质量、安装质量和服务质量为主的综合质量体系建设；

五、拓展融资渠道，进入资本市场谋求发展；

六、由"链式价值链"向"环式价值网"转变，品牌企业市场优势明显；

七、新技术、新业态不断涌现，推动木门产业迈向新的智慧时代。

一、材料多样性与产品多元化，技术工艺不断创新

科学技术的进步将促进新产品不断涌现、技术工艺不断更新，为市场提供更多、更好、更环保的优质产品；专利技术不断产生，核心技术逐步自有化。更多企业将拥有自己的研发中心，不断加大投入力度，增强研发能力，进行技术和工艺研究开发，将产品设计与我国文化进行对接、与目标市场进行对接。根据目标市场进行适宜的外观设计、开发适宜的实用技术，从结构设计、材料选用、工艺开发、技术开发等方面为产品占领市场提供发展动力。

木门的材料研发将围绕以下几个方面进行：①新资源开发利用。为降低木门企业对木材的依存度，针对资源不足且原料质量低的问题，开发新的资源，重点研究利用竹材、杉木、桉木等木材加工木门，通过科学技术手段改良低质木材将其应用于木门加工中，如尺寸稳定性提高技术、强度增强技术、染色美化技术等；使用林业生物质材料加工木门，如使用秸秆、稻壳等农林剩余物人造板制作木门框架、面板及填充材料等，其关键在于提高无机人造板的握钉力以及表面装饰性能等。②新型饰面材料和填充材料的开发应用。随着技术的进步，将有更多的新型材料应用到木门表层，并促使木门表面装饰层更加美观、环保和经济。③绿色环保木门制造技术。以提高室内空气质量为目标和提高木门碳储存量、碳储存期为目标，围绕开发无醛胶黏剂和提高木门使用寿命为核心，降低甲醛、挥发性有机化合物等有害物质排放。

随着消费升级及人民生活水平的不断提高，消费者对木门提出了更多的要求，主要有：①产品多样化和个性化，装饰性更加丰富；②表面饰面形式向多元化发展；③表面饰面材料性能进一步提高；④使用的胶黏剂更加环保；⑤结构更科学，综合性能将进一步提高，向装饰性和功能性同步发展；⑥以提高产品附加值和满足特种需求为目标，开发水漆、抗菌、静音、高颜值、防潮、智能等特种功能木门产品。

二、差异化、中高端化趋势凸显，存量房翻新将成为市场主要供给量

我国居民人均可支配收入逐年增加，人民消费水平不断提升，居民对于家居环境的追求不再是简单的生存居住需求，而是追求高品质、个性化的美好家居生活体验。北京大学

新结构经济学研究院院长林毅夫于 2021 年 5 月在全球消费创新暨免税与旅游零售大会上发言，他认为到 2035 年中国中等收入人群数量可达 8 亿（图 10-1）。未来在不断缩小的收入差距和不断缩小的城乡差距的驱动下，中等收入人群在总人口中的占比将稳定提高。中等收入消费者是消费观念更新最快的一群，也是消费动力十足的群体；由于中等收入群体具有成长快和消费潜力大的特征，家居方向的消费结构正在向高端化、多样化、服务化升级，这引导家居市场调整发展战略，家居零售市场主力军占比不断升级扩大，推动着行业发展。木门作为家居产品中的重要产品，也必将趋向差异化、高端化、个性化的产品供给。

木门产业作为房地产的下游行业，离不开上游房地产带来的需求，长期以来受到国内房地产政策和新建住房销售影响，随房地产进行周期波动。随着限购、限贷、限售、限价等房地产政策调控，中国商品房住宅销售额增速下滑，包括木门在内的家居建材社会零售额的增速随之下降。木门产业受房地产周期的影响明显，两者呈现正相关性。根据艾瑞咨询的相关研究数据表明，2013—2020 年，中国各线城市房地产交易结构总体表现为新房成交占比下降，存量房成交占比上升。而借鉴更为成熟的美国家居市场，美国新房与存量房销售比例近 10 年来维持在大约 1∶9 的水平上，存量房翻新带来的装修需求稳定。随着中国房地产开发红利的逐渐消退，当下国内二手房交易、自住房翻新、租房改造等场景的存量房翻新空间较大，将成为木门家居市场的主要供给量，木门等家居行业与房地产周期有望逐步脱钩。

图 10-1　2018—2035 年我国中等收入人群数量及占比

注：中等收入群体的概念与中产阶级的概念大有不同。从收入角度来看社会群体的收入分化状态，家庭（人均）收入应该是主要衡量标准。国家统计局的标准是一个标准三口人家庭的年收入 10 万~50 万元，为中等收入群体。此处的预测假定 2020—2035 年世界经济年均增长率为 6%。

三、关联产品多元化经营，销售渠道多元化

随着行业平均利润率的下降，消费者多元化需求越来越明显，单品销售愈加困难，单一品类木门经营企业将向多品类木门经营发展。如梦天、尚品本色、金迪等大型品牌企业都制定了较为清晰的门墙柜一体化战略，在木门主营业务的基础上适当向家居相关产品延伸，比如墙板、柜类等。欧派家居、志邦、索菲亚、菲林格尔、肯帝亚等定制家居和地板企业也从地板、柜类跨界到木门，并在产品套餐中植入墙板等关联产品，门墙柜一体化的市场空间将被进一步挖掘。这种关联产品的多元化经营，将进一步提高企业规模与实力，同时将加速行业整合，使强者愈强，推动产业集中化。

木门产品的销售渠道将向多元化发展，呈现线上线下融合、"零售 + 工程"双渠道并行的竞争格局。长期以来，木门企业结合自身特点，均发展出了较为稳定的销售渠道。一家企业的精力往往集中于优势渠道，如专注零售渠道的梦天、TATA 等，专注工程渠道的江山欧派、千川等。但随着消费者需求越来越多样化、电商的发展、国内房地产政策的变化，今后的几年，全渠道布局成为木门企业的共识，将具体表现在：

一是线上线下融合，互联网营销将成为木门产业销售通路的重要成员和载体。越来越多的商家开始在京东、淘宝、拼多多等电商平台和抖音、快手、小红书、腾讯等直播平台上进行线上销售，以寻求不同的增长方式。然而木门作为家庭装修的大件终端产品，需要测量、安装等线下售后服务才能让消费者满意，因此木门产品的电子商务必须依靠品牌既有的物流、店面和服务体系，与线上销售体系更好地有机结合，才能更好地促进其销售模式的发展。

二是"零售 + 工程"双渠道并行。一方面国内精装房比例的提高使得工程类木门大量使用，以传统零售为主的木门企业开始关注工程渠道；另一方面，近两年来房企债务违约的情况频繁发生，对以工程木门为主要业务的企业造成严重影响，这部分企业为避免风险，也开始关注零售渠道，特别是瞄准存量房翻新装修、老旧木门换新两大需求板块，通过门店、装修公司、电商、小区营销，工长、设计师、老客户转介绍等多零售通道并行拓展业务。

四、更加重视综合质量体系建设

木门产品质量是木门企业赢得市场竞争的前提。目前，木门产品质量合格率较高，今后木门企业在做好产品质量的同时，需要同时关注五金件、密封条、玻璃以及安装中的胶黏剂等原辅材料产品的质量，这些材料也需要达到相关标准的要求。木门的功能也不再局限于实用功能，对整个家居环境的艺术风格贡献开始被更多人看重。随着年轻一代购买者成为主流，他们对产品的个性化要求也越来越高，提升整个行业的产品创意与设计能力迫在眉睫。同时，随着一批高端消费群体的涌现，在木门产业，也将出现从材料选择、创意设计到服务安装，完全以客户需求为导向的运营模式。

安装质量是木门使用满意的关键环节。现在大部分木门产品均是现场安装，直接影响产品的品质和品牌，今后将对安装质量更加重视，还将重视安装过程中辅助材料选择、施工条件、安装辅助工具的选用等，综合保证安装质量。

服务质量是木门企业赢得市场竞争的重要手段。随着市场竞争的加剧、消费者需求的不断拓展，服务质量将在木门企业市场竞争中成为更加重要的砝码，木门的售前服务、售中服务、售后服务将更为重要，服务方式和服务内容更加具体、更加规范，服务效率更加高效。品牌企业将建立训练有素、了解标准、懂得产品、通晓服务流程的专业服务队伍，将建设重视产品质量、安装质量和服务质量为主的系统质量保障体系。

此外，借助国家碳达峰碳中和目标背景，行业龙头企业需积极制定企业自身的碳中和路径图，开展碳基线排查，进行生产全过程的碳足迹追踪，梳理并评估企业各活动层面的排放量，使用具有高认可度的核算和报告标准的基本方法论作为参考，进行碳核算，设置温室气体减排目标，明确减排目标的雄心水平、类型、范围和时间表，并设计脱碳举措，履行龙头企业绿色减排降碳的社会责任。

五、拓展融资渠道，进入资本市场谋求发展

目前，在木门产业里，江山欧派、梦天家居已完成上市，而国内另外几家颇有实力的木门企业也正在筹备。未来几年，木门企业将利用好资本市场，有效整合资源，通过资本市场杠杆引导兼并重组，完成主板上市，进一步提高产业集中度，引导上下游企业专业化

分工协作。在管理经营方面，建立规范的法人治理结构，加大对管理团队的激励机制，职业经理人团队将更加成熟，将涌现出一批拥有知名品牌和核心竞争力的大中型木门企业。

六、由"链式价值链"向"环式价值网"转变，品牌企业市场优势明显

"互联网+"时代已经到来，传统木门企业正面临巨大的机遇与挑战。企业经营将从"以产品为中心"的"链式价值链"，逐渐向"以消费者为中心"的"环式价值网"转变（图10-2），以消费者为中心提供个性化的产品、服务以及场景体验模式。为满足客户需求，传统的单向价值链模式主要通过质量、性价比、占有率提升获取消费者。而随着全行业的数字化转型，价值链模型就会被互联网技术和思维重构，逐渐向"以消费者为中心"的"环式价值网"转变，全产业要素均通过大数据参与构建与消费者的链接，共同通过场景、互动、链接、体验、定制来获悉消费者需求，优化产业资源配置，基于敏捷感知和生态服务满足和创新需求。

结构调整和转型升级是企业发展的必由之路。"十四五"是我国经济结构调整的重要时期，随着我国经济发展方式的转变，今后我国木门产业中一些小型企业，由于原料供应不稳定、加工效率不高、研发能力不强、服务理念落后，将逐步转向为大型企业配套或贴牌生产为主；而那些专业化程度高、有先进的经营理念、拥有原料基地和先进加工设备且

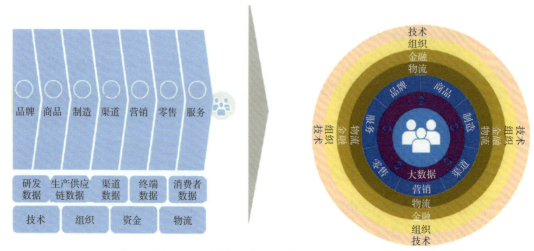

图10-2　链式价值链向"环式价值网"转变

重视研发、不断创新的企业将继续发展壮大。规模企业将进一步提高市场占有率，品牌企业市场优势更加明显，技术创新能力、综合质量水平、品牌美誉度将成为市场竞争的关键砝码。木门企业只有不断围绕市场进行产品、技术、资源和机制创新，才能做优做强、稳步发展。总体判断下来，30% 的知名品牌将占领 50% 的市场份额。

七、新技术、新业态不断涌现，推动木门产业迈向新的智慧时代

大数据、物联网、5G、智能制造等新技术不断涌现、高速发展，为产业升级提供了新动能。5G 网络可更广泛地连接分散的或跨地区的产品、消费者或供应商等，对整个产品生命周期的数字化起到重要推动作用，同时对数据传输、交互、与现有商品流通模式等方面产生重大的影响和变化。

在线下模式创新中，5G 技术可为定制化家居产品提供更多维度的信息展示形式，赢得消费者的信赖，为消费者带来虚拟门店、异地协同、线下数据采集、互动产品设计等新体验（图 10-3）。

	新体验	新场景	新产品	新服务
5G赋能新模式与服务化延伸	5G网络可更广泛地连接分散的或跨地区的产品、消费者或供应商等，对产品生命周期的数字化起到重要推动作用，对数据传输、交互等方面产生重大影响和变化。线下可为定制化家居产品提供更多维度的信息展示，赢得消费者的信赖	利用5G特性，借助AR、VR将空间无限延伸，打造虚实结合的购物与使用体验新场景。随着智能家居普及，其可成为新的流量入口，空间上可以以智慧客厅、智慧厨房、智慧卧室等为应用场景，并在线下可提供多种新奇虚拟体验	应用5G和AIOT结合，从产品设计、研发以及产品智能化方面，给消费者更适合的产品。实现智能协同优化和智能分析计算分析等功能。通过5G传感器和设备，使海量数据的采集和大规模运算能力得到提升，使智能产品更智能化	5G可提供高度可靠的网络连接，加快远程操作、远程设计服务平台、远程测量、安装与服务平台等新业务的落地。专属化的一对一的、虚实结合的远程加点端服务将成为新常态，并创造新的服务机会
	技术赋能			
应用场景	●虚拟门店 ●异地协同 ●线下数据采集 ●互动产品设计	●智慧客厅 ●智慧厨房 ●智慧卧室 ●虚拟家装 ●家居虚拟阵列	●智能卧室门 ●智能卫浴家具 ●智能橱柜 ●智能衣柜 ●语言交互家电	●远程巡店 ●一体化测量、安装与售后平台 ●设计生产一体化平台

图 10-3　5G 技术带来新模式与服务化延伸

　　以 3D 云设计为例，可以根据户型图与客户需求，围绕木门产品或门墙柜一体化提供设计方案。在线上模式创新中，利用 5G 特性，借助 AR、VR 将空间无限延伸，打造虚实结合的购物与使用体验新场景的智慧门店，提升购物体验，实现所见即所得的效果，帮助买家获得更佳体验。

　　在生产模式创新中，应用 CAD/CAE/CAM/PLM 一体化解决方案，完成从外观造型设计，到生产拆单、自动出图、自动生成物料（BOM）清单的互通，同时可对接数控设备，并且同前端室内家居设计软件无缝集成以及 ERP 系统联通，实现设计生产一体化。

　　在产品创新中，应用 5G 技术与人工智能物联网（AIOT）结合，通过智能门锁、智能猫眼等设备应用，从产品设计、产品研发以及产品智能化方面，给消费者更适合的智能化产品，使木门产品融入智慧家居产业链。此外，在服务模式创新中，5G 技术可提供高度可靠的网络连接，可加快远程操作、远程设计服务平台、远程测量、安装与服务平台等新业务的落地，可创造新的服务机会。

参考文献

国家统计局 . 中国统计年鉴 2020[M]. 北京：中国统计出版社，2020.

国家统计局 . 中国统计年鉴 2021[M]. 北京：中国统计出版社，2021.

国家林业和草原局 . 中国林业和草原年鉴 [M]. 北京：中国林业出版社，2020.

艾瑞咨询研究院 . 2022 年中国家居零售新业态市场研究报告 [R/OL]. [2022-10-01]. https://wenku.baidu.com/view/595703830329bd64783e0912a216147917117ef7.html.

中国木材与木制品流通协会木门窗专业委员会 .2021 中国木门行业发展报告 [R]. [出版地不详：出版者不详]，2021.

巨量引擎，2021 中国家居行业洞察白皮书 [R/OL]. [2021-07-21]. https://www.sgpjbg.com/baogao/46110.html.

北京大学新农村发展研究院，县域数字乡村指数（2020）研究报告 [R/OL]. [2021-07-21]. https://www.sgpjbg.com/baogao/75757.html.

李伟光，张占宽 . 木门制造工艺与专用加工装备 [M]. 北京：中国林业出版社，2019.

张占宽 . 我国木门产业发展历程、现状及趋势分析 [J]. 中国人造板，2019，26（6）：26-31.

李伟光，王创，徐明辉，等 . 我国木门产业智能制造的思考与探索 [J]. 中国人造板，2019，26（12）：1-5.

姚遥，许亚东，许厚荣，等 . 我国木门自动化制造特点及发展趋势 [J]. 木材工业，2015，29（2）：26-29.

中国林业机械协会，中国林产工业协会，木门自动化制造研究组 . 中国木门自动化制造调研报告 [R]. [出版地不详：出版者不详]，2015.

中国林业工业协会 . 中国人造板产业报告 2021[R]. [出版地不详：出版者不详]，2021.

德勤 . 中国建筑行业 2020 年度回顾及未来展望 [R/OL]. [2021-08-25]. https://www.yixieshi.com/164024.html.

中国宏观经济研究院市场与价格研究所形势课题组 . 2021 年重点市场形势分析与 2022 年展望 [J]. 中国物价，2021（1）：10-12.

任泽平 . 中国住房存量研究报告 [R/OL]. [2022-10-20]. https://baijiahao.baidu.com/s?id=1747185180735306322&wfr=spider&for=pc.

中国银行研究院，后疫情时代全球贸易格局新变化与应对 [R/OL]. [2021-11-24]. 2021. https://www.docin.com/p-2863168250.html.

张淑翠，李建强，梁一新 . 新冠肺炎疫情对中小企业的影响与经济政策模拟 [J]. 产业经济评论，2020（5）：29-47.

陆俊 . 家居出口谋多元化战略积极应对 [N]. 消费日报，2019-05-24（A01）.

刘慧 . 亚太区房地产：中国和日本仍是首选投资市场 [N]. 中国经济时报，2021-08-18（4）.

陶璐璐，孔文雄 . "双碳"下的全装修产业如何破局 [N]. 中国建材报，2021-11-22（1）.

刘浩洋，大卫·卢卡，迪恩·帕克，等 . 如何解释美国房地产繁荣？ [J]. 金融市场研究，2021（10）：71-73.

莫莉.充裕流动性助推欧美房价"水涨船高"[N].金融时报，2021-12-07（8）.

武小艺.国外房地产"去库存"之鉴[J].中国房地产，2019（30）：76-79.

中国房地产协会，2021 亚洲房地产投资信托基金研究报告[R/OL].[2021-12-02].https://www.sgpjbg.com/baogao/74601.html.

刘风华，肖浩南，罗康，等.柔性化木门生产系统的设计及应用研究[J].现代信息科技，2021，5（17）：162-164.

李国，刘佳姿，王强，等."后疫情"的宜居时代：房企如何开展宜居产业化全装修项目[J].住宅与房地产，2020，573（14）：53-55.

段东，于知玄.价值链到价值环：传统企业互联网进化论[J].互联网经济，2015（5）：20-25.

付立娟，赵妍.2020 中国建材家居产业发展分析[J].中国建材，2020（8）：36-38.

汪光武.家居建材行业即将进入存量房时代[J].销售与市场（管理版），2021（10）：84-86.

郭玲霞，彭钱英，陈路路，等.国内外房地产泡沫研究述评[J].阿坝师范学院学报，2021，38（4）：89-96.

杨健.新形势下影响我国房地产周期波动因素研究[J].经济师，2022（1）：282-284.

附 录
参编单位介绍

1. 梦天家居集团股份有限公司

梦天家居集团股份有限公司是国内较早一家致力于研发、生产、销售木质门的知名企业，建有庆元、嘉善两大自动化定制家居生产基地，是工业和信息化部全屋家具大规模个性化定制试点示范项目单位、国家高新技术企业，联合中国林业科学研究院木材工业研究所建立有"木质门研发中心"和"林业工程博士后工作站"。

公司产品主要以木门为主，延伸到墙、柜等全屋空间产品，以水漆涂装和智能制造为加工特点，满足客户对高端健康定制产品的追求，深受行业与市场的认可与肯定。梦天3号智能车间，通过木门产品数字化、模块化设计和个性化组合，建立大规模个性化定制平台，实现了拼装木门的自动化制造（附图1）。该生产线攻克了定制化拼装木门自动组装、木门全水性涂装等多项技术难题，采用机器人手臂、物料小车输送等多种先进的物料手段，实现了从原材料下料到产品包装的"产品不落地"，极充分实现人、机器、物料、产品全面联网，实时感知、实时指挥、实时监控，全面提升生产效率。该项目于2017年被工业和信息化部评选为智能制造试点示范项目。

目前，梦天家居的营销服务网络遍布全国30多个省（自治区、直辖市）。梦天品牌的专业设计人员和服务人员过万名，众多国内知名房地产商选择梦天家居作为其精装房的战略伙伴。2021年12月15日，梦天家居集团股份有限公司（股票简称梦天家居）在上海证券交易所首次公开发行A股上市，股票代码为603216（附图2）。

附图1　梦天拼装木门智能制造生产线

附图2　2021年12月15日梦天家居成功上市

2. 北京闳闳同创工贸有限公司

北京闳闳同创工贸有限公司（以下简称 TATA 木门）创建于 1999 年 5 月，是一家集居室门研发、生产、销售、服务于一体的专业制门企业。23 年来，TATA 木门凭借时尚简约的产品设计和完善的服务体系，多次荣获"中国木门十大品牌"等荣誉称号，赢得了业内的广泛赞誉和数百万用户的一致信赖。

截至目前，TATA 木门在吉林、山东、河南、河北、江苏、安徽、浙江拥有七大生产基地，29 家工厂遍布全国，先进的智能制造设备、检验仪器和标准化大型厂房为广大用户提供了强大的生产保障（附图 3）。

2012 年，TATA 木门在新品发布会上重磅推出 45° 角斜口磁吸降噪门（附图 4）。该产品一经推出便赢得了市场的广泛赞誉，并荣获国家外观设计专利（专利号：ZL 2012 3 0391523.5）、"一种门及其密封装置"实用新型专利（专利号：ZL 2015 2 0344001.8）等多项国家专利。秉承着"做更好的门，给更多的人用"的企业愿景，TATA 木门专注于产品研发和设计，不断推陈出新，相继研发出暖芯门、室内防火门、主动降噪门等多款热销产品，让更多人享受到了安静、舒适的品质生活。

TATA 木门在全国 1200 多个城市拥有 2200 余家专卖店。与此同时，TATA 木门还积极开拓线上销售渠道，打造全渠道立体化的营销网络布局，进驻天猫、京东、苏宁、国美等多个电商平台，不断实现新的突破。

附图 3　TATA 木门生产线　　　　附图 4　2021 年 TATA 木门新品发布会现场

3. 浙江金迪控股集团有限公司

浙江金迪控股集团有限公司创办于 1986 年，是一家总资产 15 亿规模的集卫浴、木门、新型建筑装饰材料产品制造、经营、科研、服务于一体的现代企业集团（附图 5），是省重点骨干企业。集团下属企业有：浙江金迪门业有限公司、浙江金迪厨卫有限公司、浙江金迪新材科技有限公司、江苏金迪木业股份有限公司、金迪学校，以及其他多元化投资产业。集团园区总占地面积 500 余亩，拥有员工 2500 多人，其中专业技术人员 450 人。浙江金迪控股集团有限公司是中国免漆门创始企业、国家林业重点龙头企业、中国驰名商标企业，金迪门业、江苏金迪是国家高新技术企业，同浙江大学、中国林业科学研究院木材工业研究所、南京林业大学等高校、科研院所建立了长期合作。

浙江金迪控股集团有限公司已引入日本设计框式门、平板门及门套自动流水生产线、全自动化封边及包装线，计划新上 50 条智能化生产线及紫外光固化喷涂自动生产线。拥有电脑雕刻机、全自动包覆机、热压机、电脑数控开料机、数控门窗四边锯、数控自动打孔机等国内领先设备，在接单到生产交付过程中运用先进的 ERP 软件，实现"不落地"连线传递式智能制造，严把质量关的同时大大提高了生产效能。

目前，浙江金迪控股集团有限公司的营销服务网络遍布全国。截至 2021 年底已发展了超过 1300 家经销商门店，碧桂园、美的地产、新力地产、新城地产、融信地产等知名房地产商选择其作为精装房的战略伙伴。

浙江金迪控股集团有限公司作为一家科技型智能制造企业，以产业数字化推动发展的初心和使命，迎来了新的发展和建设起点，未来将继续怀着"永远在路上"的坚定和执着，怀着对祖国美好未来的由衷期许、勇挑时代重担、勇做时代先锋，为中国木门智造和绿色发展持续贡献力量！

附图 5　浙江金迪控股集团有限公司

4. 三帝家居有限公司

附图6 3D 家居园区俯瞰

三帝家居有限公司（以下简称 3D 家居）创立于 1994 年，始终以"敬畏生命、尊重健康"为品牌初心，以"德系无漆"为技术核心，是国内首家从事"无漆木门""无漆全屋定制"设计、研发、生产、销售与服务的企业。3D 为 dragon、design、dream 3 个英文单词的首字母，寓意"由一扇门开启中国人所有居家梦想"。

3D 家居目前在中国南北拥有超 45 万 m² 生产基地（附图6），年产木门 300 万樘以上，2015 年被列入"中德制造 2025"和"工业 4.0"示范基地，旗下所有产品依托德系 5A 工厂，全流程智能化生产，确保误差不超过 0.01mm，从下单到生产，15 天快速供货，产品出口欧美 60 多个国家，是全球超 450 万家庭的健康选择。3D 家居全国拥有超 2000 家品牌专营店，覆盖 31 个省级行政区域。

3D 家居产品以"德系无漆"技术为核心，覆盖"门、墙、柜"的全屋无漆一体化健康系统，在更高级别的环保工艺上不断创新。目前，3D 家居可以实现"全屋同款同色一体定制"。3D 家居所有产品均已满足"可供儿童使用"的这一特定场景需求，除了不断升级的无漆技术，还在锁具、五金、柜门等细节处排除任何可能对儿童造成伤害的安全隐患，更适合 0~6 岁儿童的家庭。同时，3D 家居与全国 600 家儿童机构达成战略合作，是行业内首家与太平洋保险公司达成战略合作的木门品牌、行业内唯一荣获"国家孕婴网孕婴产品绿色通道推荐产品"的木门品牌。3D 家居在行业中始终处于领先地位，先后获得了国际 FSC 森林管理认证、美国 NAF 无醛豁免、香港 CAS 育儿环境认证，并通过了瑞士 SGS 环保检测（附图7）。

3D 家居参与制定了 20 余项行业标准，与中国林产工业协会共同起草制定了企业标准《儿童用木门》（Q440100 3DHOME001—2021）及团体标准《无漆木质门》（T/CNFPIA 3022—2022）。其中，《无漆木质门》是中国首个无漆木质门团体标准，作为行业标准制定者，3D 家居始终以"敬畏生命、尊重健康"为品牌初心，向着大家居梦想迈进！

图7 3D 家居获得的认证及荣誉

5. 北京霍尔茨家居科技有限公司

北京霍尔茨家居科技有限公司成立于 2002 年，为国家高新技术企业，是一家致力于围绕德式 T 型门为主的门墙＋墙柜一体化产品研发、生产、销售的大型知名企业，前身是吉林森林工业股份有限公司北京门业分公司。

中国吉林森林工业集团有限责任公司是全国四大森工集团之一、省属大型企业集团、全国制造业 500 强之一。经过多年发展，除 8 户林业局外，又形成了规模以上子集团（公司）15 户，在册员工 4.6 万人。

2002 年，中国吉林森林工业集团有限责任公司凭借自身优势，引进德国 HOMAG 公司先进设备和关键技术，在北京通州工业开发区成立了吉林森林工业股份有限公司北京门业公司，生产霍尔茨品牌木门、家居等家装建材产品（附图 8）。

目前，霍尔茨拥有北京、河北廊坊两大生产基地，公司引进意大利比亚斯、德国豪迈、德国惠门、西班牙巴贝兰包覆等设备，2020 年增建智能化家居定制生产线，实现从原材料到成品的全产业链闭环生产。

霍尔茨 T 型门（附图 9）具有欧洲特点的梯形边结构，拥有优质的隔声、环保、密封、保温、防尘等性能，采用"杜拉特（CPL）"材料、"邵尔兰特"桥洞力学板、芦苇 MDI 无醛防潮板材，配以独特的"SAPPI"离型触感压合技术、完善的监控系统，保证了产品具备高品质性能，先后被人民大会堂、外交部、故宫午门、国家会议中心、首都国际机场、天津全运村、国家大剧院、亚洲基础设施投资银行、北京冬奥村（冬残奥村）等工程选用，是营造都市温馨私人空间的最佳选择。

附图 8　霍尔茨木门、家居产品效果图

附图 9　霍尔茨 T 型门特写

6. 北京金隅天坛家具股份有限公司

附图10　天坛家具厂区俯瞰图

北京金隅天坛家具股份有限公司创建于 1956 年，是金隅集团旗下的核心公司之一，也是目前国内家居行业规模以上企业中唯一一家国有控股企业。公司现有员工近 2000 人，注册资金 18.4 亿元，资产总额逾 42 亿元。

天坛家具以北京为营销中心，同时拥有河北大厂、唐山曹妃甸、北京西三旗等几大生产制造基地，以及上海、天津、沈阳、西安等多家分公司，为广大客户提供强大的生产及销售服务保障。天坛家具拥有绿色家居全产业链，旗下包括以现代家具为主的"天坛"品牌、以人造板及其深加工为主的"天坛木业"品牌、百年京作非遗老字号"龙顺成"品牌、专业影剧院座椅生产者"天坛玛金莎"品牌、欧洲精品门窗制造商"爱乐屋"品牌、木门产业领导者"金隅北木"品牌。各品牌特色鲜明，优势互补，共同构筑了天坛家具独有的核心竞争力体系。天坛家具现有产品体系涵盖政务、商务经典及现代办公家具，实木、板式、全屋定制、软体、金属等各类民用家居，木、铝门窗产品，红木家具及文创产品，是行业内产品种类丰富、业务类型多元化、产业链完备的专业家具企业（附图10~附图12）。

未来，天坛家具将不断强化"品牌＋品质＋技术"核心竞争力，致力于成为一家以技术（设计）为引领的科技型家居产业集团和国企"百年老店"。

附图11　天坛家具办公楼

附图12　天坛家具板式工业 4.0 生产线

7. 泰森日盛集团有限公司

泰森日盛集团有限公司成立于 2017 年 8 月，注册资金 2.92 亿元，专业生产木门、橱柜、衣柜、收纳等现代化家居产品，可提供研发、设计、工程、维保、安装、整装、工程管理等全生命周期服务，是国内产业链条最完整的全屋家居定制企业之一（附图 13、附图 14）。公司由临沂城投产业控股有限公司与山东泰森日利木业有限公司共同出资组建，依托全国首个"国家林产工业科技示范园"的品牌优势，实现了国有企业和民营企业优势互补，为发展混合所有制经济起到了示范和带头作用。

经过 5 年多的发展，公司已布局全国，下设北京、上海、广州、深圳等十大营销技术服务中心，与保利、龙湖、招商、华润、融创等 27 家国内百强房地产企业达成战略合作，并成为其集采中心。公司改变了当初单一型家居生产模式，逐步构建起了以生产木门、橱柜、收纳、高档红木家具等现代化核心家居产品为主的木业产业新格局，在木业产业转型改革过程中走出了一条独具特色的转型发展之路。

2019 年，公司建设了以智能柔性定制生产单元为基础、智能大数据综合管控为核心的门页智能工厂、全屋定制工厂。其中"泰森日盛全屋家居定制生产智能制造新模式应用"项目，成功入围工业和信息化部 2018 年度《中国制造 2025》产业扶植目录，为全国唯一上榜的全屋家居定制企业，被山东省工信厅、财政厅授予"省级新旧动能转换行业（专项）公共实训基地——互联网 + 工业 4.0 全屋数码定制实训基地"，还先后荣获"中国建材家居百家企业""山东著名商标""国家高新技术企业"等称号。

附图 13　泰森日盛集团三厂鸟瞰图

附图 14　泰森日盛集团智能制造工厂

8. 宿迁普奈家居科技有限公司

图 15　央视签约仪式

宿迁普奈家居科技有限公司（以下简称Ponon，普奈），注册资金1500万元人民币，位于江苏省宿迁市泗阳县中林泗阳绿色家居产业园内，成立于2019年10月28日，现拥有多条木门、橱柜生产线和电脑全自动加工系统，主要从事木门、墙板、橱柜的研发、生产和销售，具备年产3亿产值木门及定制家居的能力。

2019年，普奈踏上新起点，开启新征程，为发展品牌渠道，已签约央视进行品牌推广（附图15），现为木门窗产业国家创新联盟常务理事单位、专家委员会委员单位；并荣获"中国自主创新品牌""中国绿色环保产品""全国消费者首选品牌""江苏省3·15消费者信得过企业""江苏省民营科技企业""宿迁市工程技术研究中心""科技型中小企业"等荣誉称号。公司长期与中国林业科学研究院木材工业研究所、南京林业大学等单位长期建立产、学、研技术合作，先后承担了"苏北专项""乡村振兴科技"等政府项目，获授权专利50余件。2020年，普奈产品以工程为主，为融创、海信、新城控股等知名房地产商提供产品服务，并先后与厦门金牌厨柜、江苏冠牛集团、大自然家居、金螳螂、深圳宏耐木门、香港茗冠置业、贝壳等知名公司开展深度合作，与多家电子商务平台进行线上合作，意向商家达60家门店。2021年9月，普奈产品顺利通过了中国森林认证（CFCC-CoC）。

自公司成立以来，全体员工一直秉承"把复杂做简单，把简单做极致"的经营理念，以简单、高效、创新、共赢的核心价值观为宗旨，始终坚持以诚为本、以耐用为根、以服务取胜，不断开拓创新，竭诚为人民群众美好的居家生活而努力工作，从而给消费者开启幸福之门（附图16、附图17）。

附图16　公司产品图（门、墙、柜一体）　　　　**附图17　公司产品图（木门）**

9. 南通跃通数控设备股份有限公司

南通跃通数控设备股份有限公司是专业从事木门自动化生产设备研发与制造的国家高新技术企业，是国家知识产权优势企业、国家级专精特新"小巨人"企业、江苏省服务型制造示范企业、两化融合贯标重点培育企业。

公司集开发研究、产品制造、自动化方案提供和实施于一体，建有江苏省工程研究中心、机械工程技术研究中心、企业技术中心和研究生工作站，自主研发的多款数控自动化产品获得了"国家重点新产品""高新技术产品""火炬计划项目""中国专利优秀奖""中国机械工业科学技术奖""中国林业产业创新奖""江苏省首台（套）重大装备产品"等众多荣誉，主持起草和参与起草了全部木门自动化设备的行业标准，参与了国家"十二五""十三五"林业重点研发计划项目，承担了"面向定制式木工家具制造的机器人自动化生产示范线"的国家重点研发计划，成为工业和信息化部"国家智能制造系统解决方案供应商"。

公司主导产品木门柔性加工生产线通过数控技术、计算机技术和网络技术的深度融合应用，使工艺顺序灵活可调，加工尺寸自动识别调整，加工误差自动修正，使每一樘木门的规格、造型和尺寸按照订单要求任意在线自动变化，同时实现生产线的远程操作与维护，彻底颠覆我国木门生产单机加工、堆垛作业、断续生产的传统方式，实现"批量为一"的木门大规模柔性定制（附图18）。

公司产品质量和品牌美誉度较高，TATA集团、江山欧派、现代筑美、欧派家居、梦天集团、大连通世泰、大自然、浙江金迪、安徽科居、合肥志邦、山东鑫迪、霞光集团、湖北千川、好莱客等全国知名木门企业均购置了跃通公司木门自动化生产线。产品还出口加拿大、日本、以色列、伊朗、俄罗斯、捷克、西班牙、越南、新加坡、马来西亚等50多个国家和地区。

附图18　跃通木门柔性加工生产线

10. 欧码（天津）机械设备有限公司

欧码机械是丹麦 Blue-Vent（普陆洁尘）集团成员之一，主要从事木制品加工行业设备研发、销售和服务。Blue-vent 集团在全球多个国家有分支结构，分布在丹麦、中国、越南、新加坡、澳大利亚、美国、俄罗斯等国家和地区。

欧码机械致力于服务木材加工行业，根据中国市场的情况与客户的需求，为客户提供专业的技术服务和解决方案，具有丰富的生产线方案设计和整厂规划经验，优化生产工艺与技术，简化生产过程，提高产量和产品质量，为客户获取较高的投资回报。主要产品有：原木制材线、优选锯、快速截断锯、开料中心、封边机、数控钻孔机、加工中心、热压机（热压生产线）、吸塑机（机器人喷胶吸塑生产线）、门套生产线、门扇生产线、多片锯、四面刨、砂光机、油漆线、木窗生产线、胶合梁与木结构生产线、吸尘等设备以及相关的配件。

与欧码机械合作的木工机械品牌有：丹麦的瑞利森（RILESA）等，德国的费德汉恩（AFS-Federhenn）、贝高（BUERKLE）、KUPER、MOEHRINGER 等，意大利的 ESSEPIGI、OMGA、WORKING PROCESS、COSTA、MECO、CASATI 等，芬兰的磨卡（Mirka）等，以及中国部分一线品牌。除此之外，欧码机械也为中国市场研发了一些专用设备。国内合作的客户有：索菲亚华鹤木门、TATA 木门、江山欧派、河南恒大欧派、江山花木匠、青岛海燕木业、泰州龙洋木业、金隅天坛家具、博洛尼、山东万家园、碧桂园现代筑美家居（碧桂园，广东肇庆）、河南省现代筑美家居（碧桂园，河南信阳）、安徽现代筑美家居（碧桂园，安徽滁州）、辽宁中意、大连通世泰、浙江金迪、秦皇岛卡尔凯旋木业、山东鑫迪家居（尚品本色智能家居）、荣盛家居、煜丰实业（星河湾地产）、天越门窗（富力地产）、鲁丽木业、青岛一木实木门、简木定制、双叶家具、菲林格尔等。

11. 安必安新材料集团有限公司

安必安新材料集团有限公司是一家专注于绿色新型耐火隔声材料研发应用的高科技企业，公司总部位于首都北京，当前主要生产基地设在广东省江门市台山县，旗下拥有"江门市生物基无机复合防火板工程技术研究中心"，自主研发制造的防火隔声门等产品取得了一系列如英国标准 BS、美国标准 UL 防火门及美国标准 CARB-NAF 无醛板材等全球最高等级认证。同时，企业拥有 40 余项国家发明及实用新型专利，起草制定了一系列团体标准，助力行业及产品的可持续发展（附图 19、附图 20）。

安必安新材料集团有限公司始终以"绿色、科技、创新"为发展理念，坚信只有技术领先，才能成就于市场，只有创新驱动，才能领先于未来。自创立伊始，公司就致力于开发核心绿色新型耐火隔声材料，开创性地自主研发矿物纤维芯层新型耐火材料，拥有优势显著的差异化性能，集隔声、防火、环保、耐用、美观等优点于一体。当前，公司通过专业研发团队和高度自动的智能化生产线，创新性地将具有自主知识产权的新型板材应用于建筑装修的各个细分领域，形成了新型门芯材料、防火门、隔声门、矿芯墙板吊顶、矿芯装饰墙和装配式隔墙等一系列满足更高安全标准的产品。

公司深耕国内市场，拥有北京、上海和广州三大销售及运营中心，业务广泛辐射华北、华东和华南市场区域；与此同时，公司大力拓展国际市场，在东南亚及北美等市场布局，远销多个国家和地区；在阿联酋、印度均设立了子公司及本土化团队，直接服务于当地第一梯队房地产商及酒店品牌，力争让更多人体验到安必安新材料带来的健康与舒适。

附图 19　安必安门系列样品展示

附图 20　安必安全自动木门智能生产线

12. 顶立新材料科技股份有限公司

顶立新材料科技股份有限公司,创始于1998年。匠心专注20多年,顶立始终致力于环保胶黏剂的研发、制造与销售。公司产品涉及木工胶黏剂、建筑装修胶黏剂、印刷包装胶黏剂三大系列,已有1300多种单品应用于木门窗、家具、地板、全屋定制、木制工艺品、板材加工、建筑装修、印刷包装等八大行业。

顶立目前拥有浙江、四川、山东三大智能化制造基地,总面积约20万 m^2 ,年产量超过10万t,是国内无醛木工胶的倡导者。

顶立以"为人类美好生活提供环保黏合解决方案"为企业使命,坚持"超越用户期望,引领行业标准"的品质方针,被认定为"国家级高新技术企业""浙江省专利示范企业",建有省级企业研究院、省级企业技术中心、CNAS国家认可实验室及应用体验中心,产品获得浙江"品字标"认证,荣获市政府质量奖,先后与华东理工大学、南京林业大学、苏州大学、台州学院等多所高校建立联合实验室、教学科研基地(附图21~附图24)。

附图21 顶立工厂

附图22 顶立自动化控制室

附图23 顶立生产车间

附图24 顶立白乳胶

13. 三棵树涂料股份有限公司

三棵树涂料股份有限公司 2002 年诞生于妈祖故里福建莆田，2016 年登录上海证券交易所在 A 股主板上市（股票代码为 603737，附图 25），成为中国主板上市的民用涂料第一股，现已成为中国涂料第一品牌、北京 2022 年冬奥会和冬残奥会官方涂料独家供应商，位居全球建筑装饰涂料行业第八位。

三棵树涂料股份有限公司在上海、北京、广州设立 3 个中心，并在四川、河南、天津、安徽、河北、广东、湖北等地设有及在建 13 个生产基地；已成为全资及控股 31 家公司的企业集团，现有员工 1 万多名，在全球拥有 2 万多家合作伙伴。独具特色的"道法自然"生态文化和被誉为"醉美企业"的生态园区，每年吸引数万人前来参观学习和交流。自成立以来，三棵树始终关注人类美好生活和家居健康，践行"让家更健康、让城市更美丽、让生活更美好"的使命，致力于在工程领域打造内外墙涂料、防水、保温、工业涂料、地坪、家居新材料、基辅材、施工服务为一体的绿色建材一站式集成系统，在零售领域打造乳胶漆、艺术漆、美丽乡村、胶黏剂、基辅材、防水涂料、科创板"七位一体"产品和"马上住"服务的美好生活解决方案。目前，三棵树已研发近 1 万种极致健康的产品，满足用户全屋一站式绿色建材需求。

三棵树小森科创板是三棵树集团旗下高端环保板材品牌，公司集研发、设计、生产、销售、施工、服务于一体，引进先进技术生产线（附图 26），联合三棵树无醛专用胶及智能数码涂装技术，创新打造更高端、更环保的实木板材，为中国家居行业"双碳"战略目标保驾护航。

三棵树小森科创板率先推出全球领先"健康 +"企业环保标准，甲醛释放量远优于 E_{NF} 新国家标准，引领行业环保标准新高度，开创全屋定制美好生活新方式。

附图 25　三棵树涂料股份有限公司在上交所 A 股挂牌上市

附图 26　三棵树小森科创板车间实景图

14. 德华兔宝宝装饰新材股份有限公司

德华兔宝宝装饰新材股份有限公司是我国装饰板材行业产销规模领先企业、国内同行业中首家上市企业（2005年上市，股票代码为002043）、国家高新技术企业、浙江省百强企业、浙江省"雄鹰行动"企业、浙商全国500强企业、首批国家林业重点龙头企业、国家绿色制造工厂、国家两化融合贯标企业、国家知识产权优势企业。荣获"浙江省政府质量奖""浙江省骨干农业龙头企业""浙江省两化融合试点企业""浙江省制造业与互联网融合发展示范企业""浙江省AAA级守合同重信用企业"等荣誉（附图27、附图28）。

公司以板材业务为核心，以大家居业务为方向，围绕绿色、健康、环保、人本要求，整合生态资源，为消费者提供全家居装饰综合服务，致力于成为中国的世界级家居装饰品牌。"兔宝宝"品牌获得"浙江省名牌产品""中国名牌产品""中国胶合板行业标志性产品"等荣誉称号，并被认定为"中国驰名商标"。产品相继问鼎亚太经济合作组织（APEC）峰会、世界博览会、G20峰会、联合国世界地理信息大会等重大工程。德华兔宝宝致力于成为中国的世界级家居装饰品牌，打造研发领先、设计领先、人才领先、管理领先、文化领先的竞争优势，实现从服务商向平台运营商的升级。

兔宝宝以市场为导向，不断丰富产品系列，提升服务品质，已建成4000余家专卖店，营销网络覆盖全国各省（自治区、直辖市），是国内装饰材料行业同类型企业中营销规模最大的企业，综合实力在全国胶合板行业中名列第一。

附图27　德华兔宝宝装饰新材股份有限公司　　　　附图28　德华兔宝宝厂房
　　　　　在深交所成功上市

15. 河北鑫鑫木业有限公司

河北鑫鑫木业有限公司创建于 2000 年，是中、高品质密度板及饰面板专业生产企业，公司占地近 320 亩，现存员工 295 人，固定资产 3.7 亿元，建有年产能 30 万 m³ 门板连续平压生产线，是北方专业的门板生产厂家。该生产线的建成投产是响应党中央提出"建设资源节约型、环境友好型社会"要求的具体举措，被列为"国家发改委资源节约与环境保护重点项目"。现有"拜勒尼""傲木""鑫木"3 个注册商标，同时获得了"国家级高新技术企业""国家林业重点龙头企业""中国十大纤维板品牌""绿色工厂""河北省科技型企业""河北省优质产品""河北省著名商标""生态环境标杆企业"等多项荣誉。此外，鑫鑫木业还投建了行业专业的国家级 CNAS 实验室和研发中心（附图 29~ 附图 31）。

公司坚持以人为本，以绿色效益为目标，以保护"环境、资源、健康"为发展主题，不仅在解决劳动就业、推动地方经济发展、实现增林扩绿、改善环境等方面作出了突出贡献，还将不断实现自我突破，不断向科技型集团化公司方向迈进。

附图 29　河北鑫鑫木业化验室

附图 30　河北鑫鑫木业饰面板研发室

附图 31　河北鑫鑫木业吸声检测室

16. 山东佰世达木业有限公司

山东佰世达木业有限公司始创于 1998 年，是一家集研发、生产、销售于一体的大型人造板企业，历经 20 余年的发展，现如今已成为一家"高标准基础板材制造商"，为全世界各地的人们创造安心、可靠、长久的基础生活板材。

集团总占地面积 1800 余亩，职工 1600 余人，下设 9 个生产基地和 1 个外贸公司，设有 10 个制造中心（附图 32、附图 33）。年产人造板超过 230 万 m³，其产能位居行业前列；集团拥有国际领先的平压全自动生产线，瑞典美卓、安德里茨热磨系统，美国 GTS 热能中心和苏福马砂锯生产线，可实现全自动在线检测、在线锯切，在生产效率、产品性能指标等方面具有较强的竞争优势，可规模化高速生产优质中高密度纤维板。

集团旗下主要有"欣佰世达""一林""天目湖明珠""书香人家"等品牌，产品主要有家具板、镂铣板、阻燃板、无醛板、木芯板、防潮板、抗倍特板等系列产品。产品规格齐全、品类丰富，被广泛应用于家具、橱柜、衣柜、地板、木门、装饰建材、包装耗材、工艺品制作等领域。

佰世达在全国拥有 3000 余家经销商，并与国内多家知名家具企业及房地产企业建立了战略合作关系，销售网络覆盖国内 30 多个省（自治区、直辖市），产品远销印度、阿联酋、沙特、日本、美国、阿尔及利亚、韩国等地，深受广大客户及消费者的信赖与认可。

集团秉承"品质是企业生命，以质量求生存，以创新求发展，服务是企业宗旨，努力提升客户满意度"的管理信念，以全新的管理模式、完善的技术、卓越的产品、周到的服务，与各方携手实现互利双赢、共同发展。

附图 32　山东佰世达集团滁州工厂

附图 33　山东佰世达生产线主控室

17. 天津市盛世德新材料科技有限公司

天津市盛世德新材料科技有限公司创立于 2015 年，为中国林产工业协会装饰纸与饰面板专业委员会副理事长单位、碳足迹国家创新联盟发起单位。盛世德总部位于环渤海经济区之中心——天津西青馨谷科技园，是集研发设计、生产、销售和服务于一体的，专注于家居系列饰面材料的国家级高新技术企业，致力于成为中国最优秀的饰面材料集成化服务商。

盛世德建设有先进的现代化生产制造基地，包括处于国内领先水平的全自动印刷装饰纸生产线"四英尺"幅宽 5 条、"七英尺"幅宽 1 条；卧式双阶浸渍胶膜纸生产线 7 条；饰面人造板压贴生产线 14 条。盛世德成立有通过天津市市级企业技术中心认定的研究院，包括流行纹理色彩设计开发中心、数码打样基地、饰面新技术新材料研究开发中心和质量控制检测中心（行业内第一家国家认可实验室，实验室注册号为 CNAS L13019，附图 34），公司具有很强的设计研发优势和规模竞争优势。

附图 34　盛世德国家认可实验室

印刷装饰纸、浸渍胶膜纸饰面人造板是盛世德旗下最具代表性的三大系列产品，也是中国装饰纸与饰面板行业的主流品牌，拥有多项荣誉（附图 35）。盛世德通过持续的科技创新，不断提升产品的环保安全性指标和装饰纹理的多元素质感设计，满足客户日益增长的多样性、个性化需求。公司重视品牌建设，"永兴"牌装饰纸为天津市"杀手锏"产品，且被行业评定为"精品装饰纸""中国装饰纸产业十大著名品牌"，在市场上树立了高端定位，品牌深受客户青睐。

附图 35　盛世德荣获"第三届中国林业产业创新奖"（装饰纸与饰面板业）奖项

18. 天津市裕北涂料有限公司

伯丁克（BERDINGK）作为天津市裕北涂料有限公司旗下水性木器漆品牌，始创于2002 年，集研发、生产、销售和服务于一体，拥有资深工程师和一流技术研发团队，掌握核心水性漆技术和系统化涂装方案。

经过多年发展，伯丁克凭借着良好的品牌形象、优异的产品质量和扎实的服务水平，不断壮大，如今已在北京、上海、武汉、成都等地建立了分公司，并于 2014 年与顺德家具研究开发院在顺德龙江联合建立了"中国家具水性木器涂料涂装技术服务中心"，形成了一个兼具产品创新、涂装服务、资源整合的企业环保化孵化中心。

伯丁克始终将"水性木器涂装的践行者"作为核心理念，积极向客户提供"B.I.G 解决方案（Berdingk Integrated Green）"，致力于打造环保、安全、可持续增长的中国水性木器涂料品牌。

由于家具制作的木材多样，用途、类型繁多，涂装效果更是千变万化，因此水性家具漆在应用领域中面对多重考验。伯丁克水性家具漆将"家具的涂装特点"和"水性漆的产品特性"相结合，梳理出一套完整的家具涂装水性化作业流程图，借助合理的流水线布局和涂装规划，最终实现了低碳环保、缩短工期、节能减排、提高品质。不仅如此，在环保压力、社会舆论的驱动之下，采用水性涂装的家具将会为家具带来更高的附加值和品牌溢价。

木门作为木器行业中的一个重要分支，拥有广阔的发展前景，因其垂直、帽面大的结构特点，木门涂装对光泽度、表面流平等性能均有较高要求。伯丁克引入部件拆分概念，结合门企设备化生产需求，借助合理的工艺设计和生产线排布等，系统地帮助门企解决工艺、设备、产品和人员等的涂装困惑，避免环境污染、提升涂装效率、把握产品质量、优化涂装效果。